Lorenz JARASS Gustav M. OBERMAIR

Steuermaßnahmen zur nachhaltigen Staatsfinanzierung

Mit einem Vorwort von
Frank BSIRSKE
Vorsitzender der Vereinten Dienstleistungsgewerkschaft ver.di

MV-WISSENSCHAFT

Prof. Dr. Lorenz JARASS, M.S. (Stanford University, USA)
Hochschule RheinMain Wiesbaden

Prof. em. Dr. Gustav M. OBERMAIR
Universität Regensburg

c/o Dudenstr. 33, D - 65193 Wiesbaden
T. 0611 / 54101804, Mobil 0171/3573168
mail@JARASS.com, http://www.JARASS.com

Die Autoren bedanken sich bei der Hans-Böckler-Stiftung für die Förderung bei der Erstellung und Drucklegung dieses Buches.

Lorenz Jarass: Steuermaßnahmen zur nachhaltigen Staatsfinanzierung

Die Edition MV Wissenschaft erscheint im
Verlagshaus Monsenstein und Vannerdat OHG, Münster
www.mv-wissenschaft.com

Satz und Lektorat: Dipl. Volkswirtin Anna Jarass, Wiesbaden
Umschlag: Dipl. Designerin Inge Eichelkraut, Wiesbaden,
ie@konterkariert.de

ISBN 978-3-86991-466-4

Steuermaßnahmen zur nachhaltigen Staatsfinanzierung

Übersicht

1 Ziel: Nachhaltige Staatsfinanzierung 15

2 Einkommenbezogene Besteuerung 26

3 Vermögenbezogene Besteuerung 63

4 Verbrauchbezogene Besteuerung 88

5 Offene Fragen und erforderliche Untersuchungen 96

6 Zusammenfassung 98

Vorwort von
Frank BSIRSKE
Vorsitzender der Vereinten Dienstleistungsgewerkschaft ver.di

Der Sozialstaat in Deutschland leidet seit Langem unter Ausgaben- und Leistungskürzungen und zu geringer Finanzausstattung. Die Krise in 2008/2009 hat diese Problematik verschärft. Die zuletzt wieder positiveren Zahlen und Schätzungen zu den Steuer- und Sozialbeitragseinnahmen dürfen nicht darüber hinweg täuschen, dass das vor der Krise erwartete Einnahmeniveau allein bei den Steuern weiterhin um 60 Milliarden Euro unterschritten wird.

Das Grundproblem ist eine seit den 1990er Jahren betriebene Politik der Steuersenkung, von der vor allem Unternehmen (mehrfache Senkung der Körperschaftsteuer, Wegfall der Gewerbekapitalsteuer), hohe Einkommen (Senkung des Spitzensteuersatzes), Kapitalerträge (Abgeltungssteuer) und große Vermögen (Wegfall der Vermögensteuer) begünstigt wurden. Die Erhöhung der Energiesteuer, mit der eine Senkung der Rentenversicherungsbeiträge finanziert wurde, und die Erhöhung der Mehrwertsteuer zum Abbau der Defizite belasteten demgegenüber überproportional Menschen, die nur geringe oder durchschnittliche Einkommen haben oder auf soziale Leistungen angewiesen sind.

Im bisherigen Verlauf des Jahres 2011 haben sich aufgrund der relativ guten Wirtschaftslage die Steuereinnahmen in Deutschland besser entwickelt als zuvor erwartet. Dies hat neuen Diskussionen um Steuersenkungen Auftrieb gegeben. Angeblich sollen dabei vor allem niedrige und mittlere Einkommen entlastet werden. Dabei wird auch oft auf die „kalte Progression" verwiesen, die angeblich alle Einkommenszuwächse auffresse und für sinkende Nettoreallöhne verantwortlich sei.

Tatsächlich gab es in den letzten 16 Jahren zehn Absenkungen des Einkommensteuertarifs, die insbesondere seit 2000 der „kalten Progression" entgegengewirkt und sie vor allem bei hohen Einkommen weit überkompensiert haben. Für Stagnation oder Rückgang der Reallöhne in den letzten zehn Jahren sind nicht höhere Steuern oder Abgaben, sondern deutlich zu geringe Bruttolohnzuwächse sowie die Ausbreitung des Niedriglohnbereichs und der Lohndrückerei verantwortlich.

Aus der Konstruktion des Einkommensteuertarifs ergibt sich, dass jede Absenkung der Steuerbelastung im unteren Bereich automatisch in mindestens gleichem, in der Regel höherem Maße auch alle höheren Einkommen entlastet. Da alle Steuerzahlenden profitieren, treten zudem sehr hohe Einnahmeausfälle auf, die leicht zweistellige Milliardenbeträge erreichen. Deshalb ist es für eine sozial orientierte Steuerpolitik auf absehbare Zeit unverzichtbar, die Absenkung des Steuertarifs im unteren Bereich durch höhere Steuersätze auf hohe Einkommen auszugleichen.

Ebenfalls gefordert wird der Wegfall des Solidaritätszuschlags, auch mit der Begründung, dass die deutsche Einheit nun schon seit über 20 Jahren bestehe. Doch die Einnahmen aus dem Soli fließen in den allgemeinen, gesamtdeutschen Staatshaushalt, zwölf Milliarden Euro im Jahr – ungefähr so viel wie der gesamte Etat des Bundesministeriums für Bildung und Forschung. Der Solidarpakt für die ostdeutschen Bundesländer ist davon unabhängig und soll bis 2020 ohnehin auslaufen. Dieser Vorschlag ist verteilungspolitisch ganz besonders negativ zu beurteilen, denn der Soli ist das progressivste Element der Einkommensbesteuerung. Alleinstehende Beschäftigte ohne Kinder mit einem Jahresbrutto unter 17.000 Euro zahlen keinen Soli. Wer 3.000 Euro im Monat verdient, zahlt 26 Euro. Wer aber 20.000 im Monat bekommt, würde durch den Wegfall des Soli 409 Euro im Monat mehr haben.

Durchaus problematisch sind auch Forderungen die Sozialbeiträge zu senken. Das soll niedrigere Lohnkosten und höhere Nettolöhne ermöglichen. Doch tatsächlich sind die Löhne und gesamten Lohnkosten in Deutschland nicht zu hoch, sondern zu niedrig. Das schwächt die Binnennachfrage und ist eine Ursache der übermäßigen Exportüberschüsse

Deutschlands, die wiederum ein Hintergrund der zunehmenden internationalen Ungleichgewichte und Verschuldungsprobleme anderer Länder sind.

Sozialbeiträge sind aus Sicht von ver.di in erster Linie Lohnbestandteile und Versicherungsbeiträge, nicht Steuern. ver.di fordert eine paritätisch finanzierte Bürgerversicherung für Gesundheit und Pflege mit Einbeziehung aller Einkommen und erhöhten Beitragsbemessungsgrenzen. Dies würde zu einer spürbaren Senkung der Beitragssätze ohne Mindereinnahmen führen.

Sozialbeitragssenkungen würden ansonsten zu hohen Mindereinnahmen führen, in der Gesetzlichen Krankenversicherung von 10,5 Milliarden Euro je Prozentpunkt. Diese müssten durch weitere Leistungskürzungen oder stark erhöhte steuerfinanzierte Zuschüsse ausgeglichen werden. Zugleich würden durch die Senkung der Arbeitgeberbeiträge die Unternehmen unnötig entlastet. Reduzierte Sozialbeiträge für niedrige Einkommen gibt es bereits in Form der Mini- und Midijobs. Sie wirken als Subventionierung von Niedriglöhnen und begünstigen die Aufspaltung von Vollzeit- in Teilzeitbeschäftigung. Für ver.di kommt es vor allem darauf an, allen Menschen eine existenzsichernde Beschäftigung zu ermöglichen. Entscheidend sind dafür gesetzlicher Mindestlohn und die Stärkung der Tarifverträge sowie eine wieder sozial orientierte Regulierung des Arbeitsmarktes.

ver.di fordert in ihrem „Konzept Steuergerechtigkeit“ eine höhere und effektivere Besteuerung von großen Vermögen und Erbschaften, hohen Einkommen, Unternehmensgewinnen, Kapitalerträgen und Finanztransaktionen, bei gleichzeitiger Entlastung niedrigerer Einkommen. Die Steuereinnahmen müssen ausreichen, um die staatlichen Aufgaben, vor allem die der Daseinsvorsorge und der sozialen Sicherung, zu gewährleisten.

Die entscheidenden Aufgaben liegen heute darin, wieder eine Vermögensteuer in Deutschland durchzusetzen und dafür zu sorgen, dass finanzstarke Unternehmen wieder einen angemessenen Beitrag zur Finanzierung der öffentlichen Aufgaben leisten. Hier muss insbesondere der Verschiebung von Erträgen in steuergünstigere andere Länder stärker entgegengewirkt werden.

Wir begrüßen ausdrücklich, dass nach bisherigem Stand der Gemeindefinanzreformkommission die Gewerbesteuer erhalten bleibt. Das reicht aber nicht. Sie muss als wichtigste Steuerquelle der Städte gestärkt und zu einer Gemeindewirtschaftsteuer ausgebaut werden, so dass die gesamte betriebliche Wertschöpfung am Ort steuerlich erfasst wird.

Es ist also notwendig und wichtig, über mögliche steuerliche Maßnahmen zur nachhaltigen Steuerfinanzierung nachzudenken und gut begründete Vorschläge zu unterbreiten. Insbesondere zur Erweiterung der Gewerbesteuer und zur Stärkung der Unternehmens-, Kapitalertrag- und Vermögensbesteuerung bietet das vorliegende Buch hierzu wertvolle Beiträge.

Gliederung

Vorwort von Frank BSIRSKE 5

Gliederung 9

Einführung 13

1 Ziel: Nachhaltige Staatsfinanzierung 15

1.1 Strukturelle Unterfinanzierung der öffentlichen Haushalte muss nachhaltig beendet werden 15

1.2 Verteilung von Einkommen sowie von Steuern & Sozialabgaben 17

1.2.1 Tatsächlich bezahlte Steuer- & Sozialabgabenbelastung 1970-2015 17

1.2.2 Steueraufkommen 2010 20

1.2.3 Arbeitsentgelte versus Unternehmens- & Vermögenseinkommen 1970-2015 21

1.3 Schwerpunkte der Untersuchung: Analyse der Ursachen und Vorschläge für steuerliche Maßnahmen 23

2 Einkommenbezogene Besteuerung 26

2.1 Bestandsaufnahme der einkommenbezogenen Besteuerung 26

2.1.1 Bemessungsgrundlagen und Steuersätze 26

2.1.2 Tatsächlich bezahlte einkommenbezogene Steuern & Sozialabgaben 33

2.2 Erforderliche Reformmaßnahmen bei den einkommenbezogenen Steuern 42

2.2.1 Steuervermeidung systematisch verringern 43

2.2.2 Kein steuerlicher Abzug von Aufwendungen, soweit resultierende Erträge steuerfrei sind 50

2.2.3 Verlustverrechnung stärker beschränken 51

2.2.4 Dauerhaft unbesteuerte Vermögenserträge verringern 54

2.2.5 Ausbau der Gewerbesteuer zur Kommunalen Betriebssteuer 57

2.2.6 Verringerung von Steuerhinterziehung und Steuerbetrug 60

3 Vermögenbezogene Besteuerung..63

3.1 Bestandsaufnahme der vermögenbezogenen Besteuerung 64

3.1.1 Vermögensteuer 66

3.1.2 Grundsteuer 68

3.1.3 Grunderwerbsteuer 69

3.1.4 Erbschaftsteuer 70

3.1.5 Tatsächlich bezahlte vermögenbezogene Steuern 71

3.2 Erforderliche Reformmaßnahmen bei den vermögenbezogenen Steuern 74

3.2.1 Verfassungskonforme Wiederinkraftsetzung der Vermögensteuer 75

3.2.2 Verfassungskonforme Reform der Grundsteuer 80

3.2.3 Alle Immobilienverkäufe der Grunderwerbsteuer unterwerfen 82

3.2.4 Erbschaftsteuer auf alle Erbschaftsbestandteile erheben 82

3.2.5 Finanztransaktionssteuer einführen 87

4 Verbrauchbezogene Besteuerung..88

4.1 Bestandsaufnahme der verbrauchbezogenen Besteuerung 88

4.1.1 Mehrwertsteuer 88

4.1.2 Tatsächlich bezahlte verbrauchbezogene Steuern 91

4.2 Erforderliche Reformmaßnahmen bei der Mehrwertsteuer 92

4.2.1 Erhebungsverfahren ändern 92

4.2.2 Ermäßigten Mehrwertsteuersatz für Lebensmittel beibehalten 95

5 Offene Fragen und erforderliche Untersuchungen 96

6 Zusammenfassung 98

6.1 Steuer- & Sozialabgabenbelastung 98

6.2 Einkommenbezogene Besteuerung 101

6.3 Vermögenbezogene Besteuerung 104

6.4 Verbrauchbezogene Besteuerung 107

6.5 Offene Fragen und erforderliche Untersuchungen 107

Autoren 108

Quellen 109

Stichwortverzeichnis 126

Liste der Abbildungen

Abb. 1.1 : Anteile am Volkseinkommen sowie Belastung durch direkte Steuern & Sozialabgaben 1970-2015 18

Abb. 1.2 : Arbeitsentgelte versus Unternehmens- & Vermögenseinkommen 1970-2015 22

Abb. 2.1 : Einkommensteuertarif 2011 27

Abb. 2.2 : Steuer- & Sozialabgabensätze auf Arbeitsentgelte 2011 29

Abb. 2.3 : Aufteilung der Steuern & Sozialabgaben auf Arbeitsentgelte 2011 30

Abb. 2.4 : Nominale Steuersätze für Kapitalgesellschaften in der EU 2000-2011 32

Abb. 2.5 : Tatsächlich bezahlte Steuern & Sozialabgaben auf Arbeitsentgelte 1970-2015 34

Abb. 2.6 : Tatsächlich bezahlte einkommenbezogene Steuern auf Unternehmens- & Vermögenseinkommen 1970-2015 36

Abb. 3.1 : Tatsächlich bezahlte vermögenbezogene Steuern auf Unternehmens- & Vermögenseinkommen 1970-2015 72

Abb. 4.1 : Steueraufkommen durch verbrauchbezogene Steuern 1970-2015 92

Abb. 6.1 : Anteile am Volkseinkommen sowie Belastung durch direkte Steuern & Sozialabgaben 2000-2015 99
Abb. 6.2 : Arbeitsentgelte versus Unternehmens- & Vermögenseinkommen 2000-2015 100
Abb. 6.3 : Tatsächlich bezahlte Belastung von Arbeitsentgelten und von Unternehmens- & Vermögenseinkommen 2000-2015 105

Liste der Tabellen

Tab. 1.1 : Steueraufkommen nach Steuerarten 2010 21
Tab. 1.2 : Schema der Steuerarten in Deutschland 24
Tab. 3.1 : Vermögen der privaten Haushalte in Deutschland 1995-2009 65

Liste der Kästen

Kasten 2.1 : Erläuterungen zur Berechnung der Belastungen durch Steuern & Sozialabgaben 40
Kasten 3.1 : Bewertung zu Verkehrswerten verwaltungsarm möglich 76
Kasten 3.2 : Keine Belege für eine Gefährdung von Unternehmen durch eine Erbschaftsteuer 83

Einführung

Noch ein Buch über Steuern – wie langweilig. Jeder weiß doch schon, dass dieses ganze Steuerwesen unsäglich kompliziert und gänzlich unverständlich ist und vermutlich total ungerecht. Sicher ist nur eins: Die Steuern, die ich zahlen muss, sind viel zu hoch.

Und wofür der Staat sein Geld ausgibt! Da fällt jedem etwas ein, was falsch läuft: Muss der Staat die Banken retten, die sich mit wertlosen Papieren verspekuliert haben, und dazu auch noch die Nachbarstaaten im Süden, die ihre Bilanzen gefälscht haben? Oder: Brauchen wir wirklich Kriegsschiffe auf den Weltmeeren und Panzerdivisionen an den Grenzen? Müssen wir Großgrundbesitzer subventionieren und Kohlebergwerke und und und … . Da gibt es für jeden etwas, das ihn besonders ärgert.

Und zum Thema Steuern und zur Staatsfinanzierung einige genauere und peinlichere Fragen: Müssen wir wirklich das wirtschaftliche Handeln massiv belasten und das bloße Besitzen von Vermögen steuerlich begünstigen? Müssen wir weiterhin umherschweifende Finanzjongleure ('Heuschrecken'), die prosperierende Unternehmen zerschlagen, und die Vernichtung von Arbeitsplätzen mittels Betriebsverlagerung in Billiglohnländer steuerlich fördern?

Und jetzt die Hauptfrage: Wie ist das alles eigentlich so weit gekommen? Ein alter Jurist hat darauf vor gut 200 Jahren, verkleidet als Teufel Mephisto, eine Antwort gegeben:

"Es erben sich Gesetz' und Rechte
  wie eine ew'ge Krankheit fort,
  sie schleppen von Geschlecht sich zu Geschlechte …
  Vernunft wird Unsinn, Wohltat Plage … "
(Faust I, 4. Szene)

Mephisto hat leider recht: Auch das heutige Steuerrecht, aus der Zeit unserer Urgroßväter vererbt, wurde einstmals durchaus vernünftig für eine nationale Ökonomie formuliert. In einer globalen Wirtschaft, bei weltweiter Kapitalverkehrsfreiheit und sekundenschnellen internationalen Finanztransaktionen ist nun aber Vieles Unsinn geworden, auch weil der nationale Gesetzgeber diese drastischen Veränderungen immer noch nicht angemessen berücksichtigt hat. Auch die Wohltaten, die mächtige Lobbygruppen für ihre Auftraggeber über die Jahre erwirkt haben, sind nun vielfach zur Plage geworden.

Von einigem, was da also im Verlauf der letzten Jahrzehnte Unsinn geworden ist und Plage, handelt dieses kleine Buch. Doch wenn man mehr dazu sagen will als Mephistos allgemeine Klage, dann muss man ins Detail gehen, in dem ja bekanntlich gerade der Teufel steckt. Das Buch folgt deshalb der herkömmlichen, wenngleich vielfach überholten systematischen Einteilung der Steuern in einkommen-, vermögen- und verbrauchbezogene Steuern und geht dann den einzelnen Gesetzen und Reformgesetzen und Reformen der Reformgesetze nach.

Neben der Rettung konkursbedrohter Banken und Staaten gibt es ja tatsächlich dringende Aufgaben und Ausgaben der öffentlichen Hand, die wieder finanzierbar gemacht werden müssen. Insbesondere auf ein hohes Niveau öffentlicher Infrastrukturen ist in der Tat jeder angewiesen, der in Deutschland lebt und Einkommen erwirbt. Unbehinderter Verkehr, funktionierende Versorgungs- und Kommunikationsnetze, Rechtssicherheit und soziale Sicherheit, ein hoher Stand von Bildung und Ausbildung, von Kunst und Kultur: Das alles, und nicht etwa nur eine besonders niedrige Steuerlast, macht den Standortvorteil eines entwickelten Industrielandes aus.

Die Maßnahmen, die in diesem Buch vorgeschlagen werden, könnten einen Beitrag leisten zur Wiederherstellung einer nachhaltigen Finanzierung unentbehrlicher staatlicher Leistungen, etwa zum Wiederauffüllen von Lücken und Löchern, die nicht nur in den Straßen, sondern fast überall im öffentlichen Bereich entstanden sind.

1 Ziel: Nachhaltige Staatsfinanzierung

1.1 Strukturelle Unterfinanzierung der öffentlichen Haushalte muss nachhaltig beendet werden

Die öffentlichen Haushalte sind weiter zunehmend unterfinanziert [Städtetag 2011; GEW 2011, Kap. 2]. Nicht zu niedrige Steuersätze sind die Hauptursache dafür, sondern eine Steuerpolitik, die seit über einem Jahrzehnt die Effekte der Globalisierung nicht berücksichtigt hat: Nach der aus vorglobalen Zeiten überkommenen Systematik und Praxis der Steuererhebung können heute erhebliche Anteile von großen, in Deutschland erworbenen Einkommen legal dem deutschen Fiskus entzogen werden.

Als eine Folge sind die Investitionen der öffentlichen Hand drastisch zurückgegangen, Verschuldung und Schuldzinszahlungen von Bund, Ländern und Gemeinden haben ein bedrohliches Ausmaß erreicht. Auch Deutschland verstößt seit Jahren immer wieder bezüglich Gesamtschulden und jährlicher Neuverschuldung gegen die Maastricht-Kriterien, die doch gerade die deutsche Forderung nach Euro-Stabilität garantieren sollten. Die laufenden EU-Rettungsprogramme müssen letztlich wesentlich vom deutschen Steuerzahler finanziert werden.

Als weitere Folgen sind schon heute zu erkennen:

- eine weitere drastische Reduzierung der Dienstleistungen der öffentlichen Hand,
- eine deutliche Verschlechterung der Arbeitsbedingungen im öffentlichen Dienst,
- ein weiteres Anwachsen der Zahl der Kinder und Jugendlichen, denen ein ungünstiges soziales Umfeld und das hierdurch überforderte Bildungssystem die heute benötigten Qualifikationen nicht vermitteln [GEW 2011].

Die zukünftig grundgesetzlich begrenzte Staatsverschuldung wird diese Probleme noch verschärfen [Truger u.a. 2009; Bischoff/Weber 2011; Ulrich/Brost 2011]. Angesichts wachsender Aufgaben im Sozial- und Bildungsbereich, im Bereich der öffentlichen Ordnung und zur Erhaltung und zum Ausbau der Infrastruktur ist eine Reform von Steuersystem und Steuererhebung erforderlich, die nachhaltiges staatliches Handeln wieder finanzierbar macht.

Die Beinahe-Insolvenz der USA Anfang August 2011 hat drastisch gezeigt, wie wachsende soziale Ungleichheit und die resultierenden sozialen Lasten sowie eine systematische Steuersenkungspolitik zu Gunsten der Wohlhabenden [Liebert 2011] selbst die immer noch stärkste Wirtschaftsmacht der Erde an den Abgrund führen können.

Wie kann die Handlungsfähigkeit der öffentlichen Hand wieder hergestellt werden ohne weitere Schuldenaufnahme, wie der staatliche Schuldenberg wieder abgebaut und auf ein tragfähiges Maß verringert werden? Es gibt vier Möglichkeiten: Sparen, Wachstum, Weginflationieren, Erhöhung des Steueraufkommens, letztlich wohl als Kombinations-Therapie [Jarass 2010a]:

- Das **Sparen** der öffentlichen Hand – mit Ausnahme eines weiteren Subventionsabbaus – hat aber die Grenze schon überschritten, wo zusätzliches Sparen noch einen gesamtwirtschaftlichen Nutzen erbringt.
- Das **Wirtschaftswachstum** richtet sich mehr nach der globalen Konjunktur als nach der deutschen Politik. Ein dauerhafter deutscher Exportüberschuss würde als die andere Seite dieser Medaille eine dauerhaft wachsende Verschuldung der Importländer erfordern, deren Zinsen und Tilgung mittlerweile als nicht mehr finanzierbar erscheint [Flassbeck/Spiecker 2011]. Zudem ist fraglich, ob dauerhaftes quantitatives Wirtschaftswachstum in Deutschland möglich und sinnvoll ist [Jarass 2010c].
- **Zusätzliches Geld** druckt die Europäische Zentralbank seit Längerem zur Stützung der Banken und notleidender Euro-Länder. Dies muss nicht zwingend die **Inflation erhöhen** [Zeise 2009], die Bezieher kleiner Einkommen durch Verringerung ihrer Kaufkraft am stärksten tref-

fen würde. Andererseits würden dadurch die nominalen Schulden abgewertet und damit die realen Kreditrückzahlungen gesenkt, möglicherweise auch die realen Zinssätze.

- **Erhöhung des Steueraufkommens**: Der Deutsche Gewerkschaftsbund hat im Juli 2011 die zentralen Forderungen zur Steuerpolitik programmatisch beschrieben: "Statt Steuersenkungen braucht Deutschland **Steuergerechtigkeit**: Vermögende, Unternehmen, Erben und hohe Einkommen müssen wieder stärker zur Finanzierung öffentlicher Aufgaben herangezogen werden." [DGB 2011]. Die nachfolgend vorgestellten Eckpunkte sollen einen Beitrag zu diesem Programm leisten.

1.2 Verteilung von Einkommen sowie von Steuern & Sozialabgaben

1.2.1 Tatsächlich bezahlte Steuer- & Sozialabgabenbelastung 1970-2015

Die Abb. 1.1a, b, c zeigen für 45 Jahre von 1970 bis 2015 (Prognose), wie sich

a) Volkseinkommen
b) Summe aus direkten Steuern & Sozialabgaben
c) Jeweilige Steuer- & Sozialabgabenbelastung

auf die zwei großen Gruppen von Einkommen verteilen, nämlich auf

- Arbeitsentgelte (obere Kurve) und
- Unternehmens- & Vermögenseinkommen (untere Kurve).

Der historische Vergleich der in Abb. 1.1c gezeigten **tatsächlich bezahlten** Steuer- & Sozialabgabenbelastung von Arbeitsentgelten (Produktionsfaktor Arbeit) und Unternehmens- & Vermögenseinkommen (Produktionsfaktor Kapital) zeigt die schrittweise durchgesetzte Verschiebung zu Ungunsten der Lohnempfänger:

Abb. 1.1 : Anteile am Volkseinkommen sowie Belastung durch direkte Steuern & Sozialabgaben 1970-2015

a) Anteil am Volkseinkommen

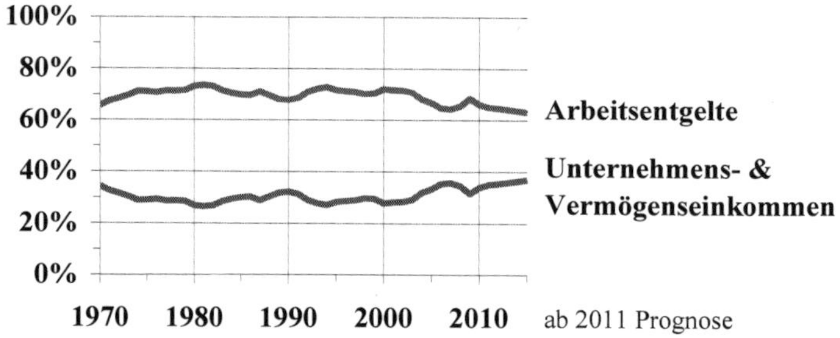

b) Anteil an allen direkten Steuern & Sozialabgaben

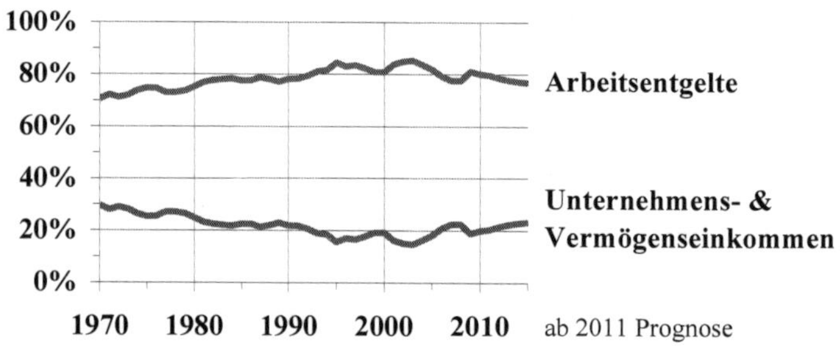

c) Belastung des Einkommens durch Steuern & Sozialabgaben

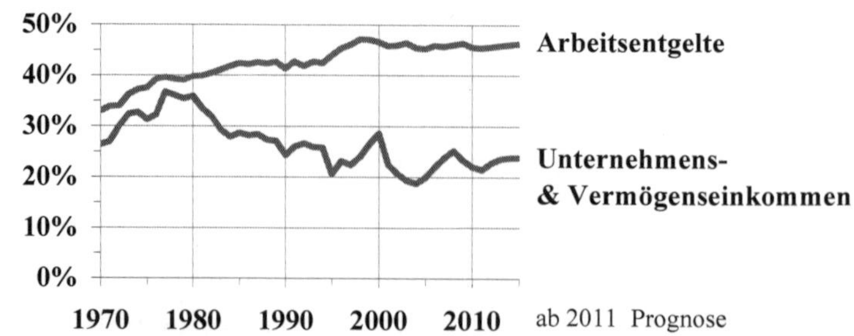

Arbeitsentgelte = Bruttolohnsumme + Sozialabgaben der Arbeitgeber.

Quellen: [BMF 2011c; VGR 2010; IMK 2011]; bis 1990 nur Westdeutschland.

- Um 1970 betrug in Deutschland die tatsächlich bezahlte Steuer- & Sozialabgabenbelastung von Arbeitsentgelten nur rund 35%, geringfügig mehr als die tatsächlich bezahlte Belastung von Unternehmens- & Vermögenseinkommen mit rund 30%.
- Bis 1990 wurde die Belastung von Arbeitsentgelten schrittweise auf gut 40% erhöht, bis 2000 auf gut 45% und blieb bis 2010 bei gut 45%.
- Die Belastung von Unternehmens- & Vermögenseinkommen wurde bis 1980 auf gut 35% erhöht, wurde dann, stark fluktuierend, abgesenkt, erreichte durch die anfänglichen Maßnahmen der rot-grünen Bundesregierung unter Finanzminister Lafontaine in 2000 noch einmal fast 30% und betrug 2010 nur noch gut 20%.

Diese Steuerbelastung auf Unternehmens- & Vermögenseinkommen liegt deutlich unter dem EU27-Durchschnitt und ist weit niedriger als in anderen größeren EU-Staaten (z.B. Italien und UK 39%, Frankreich 36%, Spanien und Österreich 27%). Nur die kleineren osteuropäischen EU-Länder liegen etwas darunter sowie die Niederlande mit nur 15% [EU 2011b, S. 136].

Dringender Reformbedarf:

- **Die Steuer- & Sozialabgabenbelastung wurde seit Anfang der 1980er Jahre immer mehr zu Ungunsten der Lohnempfänger verschoben.**
- **Arbeit muss in 2010 vier Fünftel der direkten Steuern und Sozialabgaben finanzieren (Abb. 1.1b), obwohl ihr Anteil am Volkseinkommen nur gut drei Fünftel beträgt (Abb. 1.1a).**
- **Diese Umverteilung von unten nach oben muss beendet werden.**

Ganz ähnlich wie hier beim dargestellten dringenden Reformbedarf argumentiert Kirchhof in "Wir verteilen von Arm zu Reich" [Kirchhof 2011a]: "Wer viel verdient, kann seine Steuerschuld mindern. Er kann gute Berater bezahlen, stille Reserven bilden, Firmen verschachteln, Auslandsgesellschaften einrichten und so Gewinne und Verluste verschieben. Wer über viel Vermögen verfügt, kann die Steuer vermeiden. Aber nicht der, der mit seinem Jahreseinkommen sich und seine Familie ernähren muss." Zudem fordert Kirchhof ganz zu Recht: "Wer in Deutschland

Einkommen erworben hat, muss diesen Erfolg unausweichlich hier versteuern. Es kommt dann nicht darauf an, ob er seinen Firmensitz ins Ausland verlegt hat, sondern ob er hier seine Betriebsstätte hat, ob er auf unserem attraktiven Markt sein Geld verdient."

Leider macht Kirchhof keine systematischen Vorschläge, wie die aus der internationalen Verflechtung der deutschen Wirtschaft resultierenden Steuersparmöglichkeiten gemindert werden können [Kirchhof 2011b]. Vielmehr schafft er, mit Ausnahme einer 10%-igen Erbschaftsteuer, alle vermögenbezogenen Steuern inkl. der kommunalen Grundsteuer ab und senkt die Steuersätze für größere Einkommen wesentlich. Woher die fehlenden Steuereinnahmen kommen sollen, bleibt ein Rätsel.

Im Gegensatz zu Kirchhof beschäftigt sich diese Untersuchung nicht primär mit Änderungen der verschiedenen nominalen Steuersätze, sondern es werden systematische Maßnahmen vorgeschlagen, die verfassungs- und EU-konform und ohne Notwendigkeit einer internationalen Harmonisierung die Möglichkeiten von Steuervermeidung drastisch einschränken und sicherstellen, dass die in Deutschland erwirtschafteten Kapitalentgelte tatsächlich in Deutschland versteuert werden.

1.2.2 Steueraufkommen 2010

Tab. 1.1 zeigt das Steueraufkommen 2010. Es betrug insgesamt rund 566 Mrd. €, davon etwa je hälftig einkommen- und verbrauchbezogene Steuern. Vermögenbezogene Steuern waren mit einem Anteil von nur 4% unbedeutend.

Deutschland lag 2009 mit einem Steueraufkommen von 24,0% des Bruttosozialprodukts etwas unter dem Durchschnitt der EU27 von 25,6%, unter Berücksichtigung der Sozialabgaben mit 39,7% geringfügig über dem Durchschnitt der EU27 von 38,4% [EU 2011b, Annex A, Tab. 1 und 3]. Verglichen mit dem Durchschnitt der EU27 sind die Steuern also etwas niedriger, die Sozialabgaben etwas höher.

Tab. 1.1 : Steueraufkommen nach Steuerarten 2010

	Mrd. €	Anteil
(1) Einkommenbezogene Steuern	**276**	**49%**
(1.1) Lohnsteuer[a]	172	30%
(1.2) Einkommensteuer[a,b]	56	10%
(1.3) Körperschaftsteuer[a]	13	2%
(1.4) Gewerbesteuer	36	6%
(2) Vermögenbezogene Steuern	**21**	**4%**
(2.1) Grund- und Grunderwerbsteuer	17	3%
(2.2) Erbschaftsteuer	4	1%
(3) Verbrauchbezogene Steuern	**269**	**47%**
(3.1) Umsatzsteuer	180	32%
(3.2) Energie- & Stromsteuern	46	8%
(3.3) Sonstige indirekte Steuern[c]	43	8%
(4) Summe	**566**	**100%**

a) Lohn-, Einkommen- und Körperschaftsteuer jeweils inkl. Solidaritätszuschlag.
b) Veranlagte und nicht veranlagte Einkommensteuer sowie Abgeltungssteuer.
c) u.a. Tabaksteuer 13 Mrd. €, Versicherungssteuer 10 Mrd. €, Kraftfahrzeugsteuer 8 Mrd. €.

Quelle: [BMF 2011c; zu Lohn- und Einkommensteuer siehe Kasten 2.1 dieses Buches].

1.2.3 Arbeitsentgelte versus Unternehmens- & Vermögenseinkommen 1970-2015

Abb. 1.2 zeigt die Entwicklungen von Volkseinkommen, Arbeitsentgelten und Unternehmens- & Vermögenseinkommen:

- Das Volkseinkommen hat sich real, also preisbereinigt, von 1970 bis 2000 etwa verdoppelt. Trotz des Rückgangs in 2009 ist es von 2000 bis 2010 um rund 8% gewachsen.

- Die Arbeitnehmer profitierten vom Wachstum nicht, ihre Nettolöhne sind – preisbereinigt – genauso hoch wie in 2000 und sollen bis 2015 trotz eines prognostizierten weiteren Wirtschaftswachstums von rund 12% nur um insgesamt 5% steigen.
- Von 2000 bis 2010 bekamen den gesamten Zuwachs Unternehmens- & Vermögenseinkommen, die trotz des massiven Rückgangs in 2008 und 2009 um über 40% gestiegen sind und laut Prognose bis 2015 um weitere 22% steigen werden.

Abb. 1.2 : Arbeitsentgelte versus Unternehmens- & Vermögenseinkommen 1970-2015

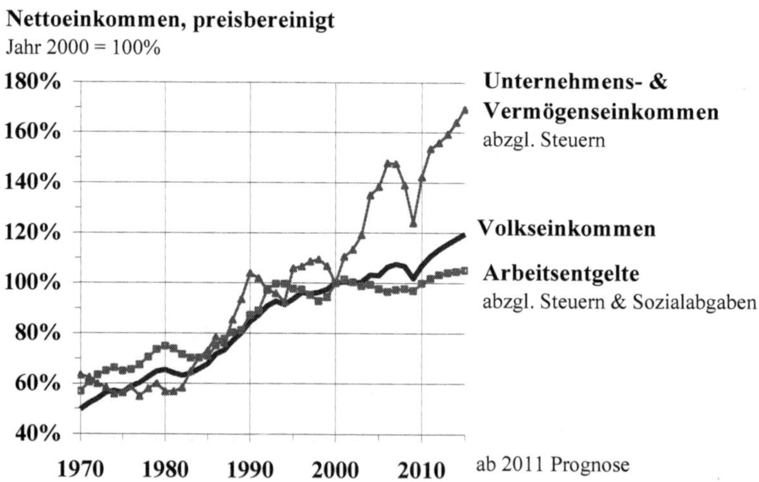

Arbeitsentgelte = Bruttolohnsumme + Sozialabgaben der Arbeitgeber.

Quellen: [BMF 2011c; VGR 2010; IMK 2011], bis 1990 nur Westdeutschland.

1.3 Schwerpunkte der Untersuchung: Analyse der Ursachen und Vorschläge für steuerliche Maßnahmen

Der wesentliche Grund für das heute so komplizierte deutsche Steuersystem liegt in der laufenden Berücksichtigung der Einsprüche von verschiedensten Lobbygruppen bezüglich der Besteuerung von Einkommen aus Unternehmertätigkeit und Vermögen, die im ersten Schritt ihre Einzelinteressen durchsetzen und im zweiten Schritt dann die Kompliziertheit und Ungerechtigkeit des deutschen Steuersystems beklagen. Noch komplizierter als jedes Steuerrecht sind die in hochbezahlten internationalen Großkanzleien erdachten Steuervermeidungspraktiken, die bisher, wenn überhaupt, dann unsystematisch durch Spezialverordnungen und Einzelfallentscheidungen begrenzt werden, was aber wiederum Steuerrecht und Steuerpraxis noch undurchschaubarer macht. Auch hierzu macht dieses Buch systematische Lösungsvorschläge.

Ein von der breiten Bevölkerung als ungerecht empfundenes Steuersystem führt zu wachsendem Steuerwiderstand. Dies erhöht die öffentliche Zustimmung zu Steuersatzsenkungen und führt so tendenziell zu einem geringeren Steueraufkommen. Nur ein einfaches und verständliches Steuersystem kann auch ein gerechtes Steuersystem sein. Einzelfallgerechtigkeit führt zu einem komplizierten und damit ungerechten Steuersystem. Voraussetzung für Steuergerechtigkeit ist also ein einfaches und verwaltungsarmes Steuersystem.

In den meisten der im Folgenden untersuchten Bereiche geht es also nicht um Korrekturen der nominellen Steuersätze, sondern darum, die heute bestehenden legalen Möglichkeiten zur Steuervermeidung und Steuerumgehung so zu beschränken, dass jedenfalls der Großteil der erwirtschafteten oder zugefallenen Einkommen, Kapitalerträge und Wertsteigerungen tatsächlich mit dem vollen gesetzlich vorgesehenen Satz besteuert werden kann. Mit anderen Worten: Es sollen die Grundsätze einer volkswirtschaftlich gerechtfertigten gleichmäßigen Besteuerung gleichartiger Steuertatbestände wieder in Kraft gesetzt werden.

Es werden also v.a. Maßnahmen zur fairen und effizienten Erhöhung des Aufkommens aus einkommen- und vermögenbezogenen Steuern vorgeschlagen: Diese müssen EU-konform so gestaltet werden, dass sie kurzfristig in Deutschland ohne EU-weite Abstimmung umsetzbar sind [Rixen/Uhl 2011]. In zukünftigen Arbeiten müssen diese Maßnahmen dann im Detail untersucht werden, vgl. Kap. 5.

Eine verbesserte und stabilere Finanzierung der Kommunen insgesamt ist nicht zentrale Aufgabe dieses Forschungsberichts, wohl aber die Weiterentwicklung von Gewerbesteuer und Grundsteuer, zwei Grundpfeilern der Kommunalfinanzen. Die sicherlich wünschenswerte Weiterentwicklung von Energie- und Umweltsteuern, wie z.B. Luftverkehrssteuer, Brennelementesteuer etc., war ebenfalls nicht Aufgabe dieser Untersuchung.

Tab. 1.2 zeigt die herkömmliche Systematik des deutschen Steuerrechts und die Kapitel dieses Buches, in denen die jeweiligen Steuerarten behandelt werden. Reformmaßnahmen werden im Folgenden entsprechend dieser Systematik entwickelt.

Tab. 1.2 : Schema der Steuerarten in Deutschland

Direkte Steuern		**Indirekte Steuern**
einkommenbezogen	**vermögenbezogen**	**verbrauchbezogen**
Lohn- und Einkommensteuer	Vermögensteuer	Mehrwertsteuer
Körperschaftsteuer	Erbschaft- & Schenkungssteuer	Energie- & Stromsteuern
Gewerbesteuer	Grund- und Grunderwerbsteuer	sonstige Verbrauchssteuern
Kap. 2	**Kap. 3**	**Kap. 4**

Jedes der drei Kapitel 2, 3 und 4 ist so aufgebaut, dass in einem ersten Teil eine Bestandsaufnahme der jeweiligen Steuerarten vorgestellt wird:

Steuergegenstände (Bemessungsgrundlagen), Steuersätze und zeitliche Entwicklung des tatsächlichen Steueraufkommens.

Im zweiten Teil jedes Kapitels werden dann die Missstände und Defizite analysiert, die das jeweilige Aufkommen vielfach weit hinter dem Betrag zurückbleiben lassen, was rein rechnerisch nach den gesetzlichen Steuersätzen und den Daten der amtlichen volkswirtschaftlichen Gesamtrechnung zu erwarten wäre. Daraus ergeben sich dann die erforderlichen Steuermaßnahmen.

In Kap. 5 werden offene Fragen und erforderliche weitere Untersuchungen erläutert.

Im abschließenden Kap. 6 werden schließlich die wesentlichen Ergebnisse und die erforderlichen Steuermaßnahmen zusammengefasst.

2 Einkommenbezogene Besteuerung

In Deutschland gibt es derzeit drei einkommenbezogene Steuerarten:

- Einkommensteuer [EStG], erhoben auf Einkünfte Natürlicher Personen vom Lohnempfänger bis zum Eigentümer von Unternehmen;
- Körperschaftsteuer [KStG], erhoben auf Einkünfte Juristischer Personen (z.B. GmbH oder AG);
- Gewerbesteuer [GewStG], erhoben von den Kommunen auf jede Art von Gewerbebetrieb.

2.1 Bestandsaufnahme der einkommenbezogenen Besteuerung

2.1.1 Bemessungsgrundlagen und Steuersätze

Es wird im Einkommensteuergesetz nach sieben Einkunftsarten unterschieden. **Einkünfte** sind dabei

- bei Land- und Forstwirtschaft, Gewerbebetrieb und selbständiger Arbeit der **Gewinn**, definiert als "der Unterschiedsbetrag zwischen dem Betriebsvermögen am Schluss des Wirtschaftsjahres und dem Betriebsvermögen am Schluss des vorangegangenen Wirtschaftsjahres, vermehrt um den Wert der Entnahmen und vermindert um den Wert der Einlagen" [§ 4 Abs. 1 EStG];
- bei nichtselbständiger Arbeit, Kapitalvermögen, Vermietung und Verpachtung sowie bei Sonstigen Einkünften der Überschuss der Einnahmen über die Werbungskosten.

Die Summe der Einkünfte, vermindert um Freibeträge, Sonderausgaben und außergewöhnliche Belastungen, ergibt das **Einkommen** [§ 2 Abs. 3

und 4 EStG]. Das Einkommen, vermindert um Kinder- und Ausbildungsfreibeträge sowie die sonstigen vom Einkommen abzuziehenden Beträge ergibt das **zu versteuernde Einkommen** [§ 2 Abs. 5 EStG].

(1) Einkommensteuer

Natürliche Personen und Personengesellschaften wie z.B. OHG oder Kommanditgesellschaften bezahlen Einkommensteuer. Abb. 2.1 zeigt für 2011 die Einkommensteuersätze (inkl. Solidaritätszuschlag) für ledige Steuerpflichtige in Abhängigkeit vom zu versteuernden Einkommen.

Abb. 2.1 : Einkommensteuertarif 2011

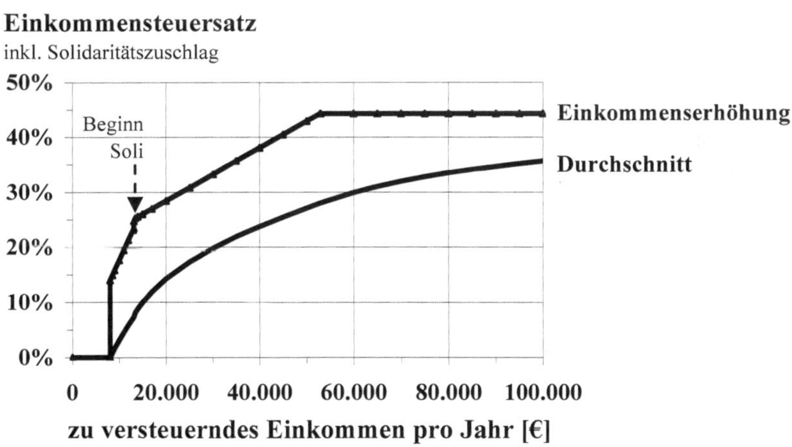

Quelle: [BMF 2011a; § 32a EStG]; Werte für ledige Steuerpflichtige inkl. Solidaritätszuschlag.

Die untere Linie zeigt die durchschnittliche Steuerbelastung des gesamten zu versteuernden Einkommens, die obere Linie zeigt die Belastung einer kleinen Erhöhung des zu versteuernden Einkommens.

Beispiel zur Einkommenserhöhung: Bei einem zu versteuernden Einkommen von 20.000 € bezahlt eine ledige Person bei einer Erhöhung des zu versteuernden Einkommens von 100 € darauf rund 28 € Einkommensteuer (inkl. Solidaritätszuschlag).

Für verheiratete Steuerpflichtige ('Splittingtabelle') ergibt sich die Einkommensteuer wie folgt:

- Berechnung der Einkommensteuer für die Hälfte des zu versteuernden Einkommens,
- Verdoppelung der so bestimmten Einkommensteuer.

Der Spitzensteuersatz wurde ab 2005 von 51% auf 42% gesenkt. 2007 wurde für zu versteuernde Einkommen über 250.000 € ein Zuschlag von 3%-Punkten eingeführt.

Seit 2009 unterliegen private Kapitalerträge nur noch einer pauschalen Abgeltungssteuer von 25% [§ 32d Abs. 1 EStG], die anonym von den Banken erhoben wird. Der Steuerpflichtige muss in diesem Fall weder sein Vermögen noch den resultierenden Vermögensertrag in seiner Einkommensteuererklärung angeben.

(2) Steuer- & Sozialabgabensätze für sozialversicherungspflichtige Arbeitsentgelte

Abb. 2.2 zeigt die resultierenden Steuer- & Sozialabgabensätze für sozialversicherungspflichtige Arbeitsentgelte .

In 2011 werden bereits bei einem monatlichen Bruttolohn von 1.500 € von den resultierenden Lohnkosten (also Bruttolohn zzgl. Arbeitgeberbeiträge zur Sozialversicherung) durchschnittlich rund 40% für Lohnsteuern & Sozialabgaben abgezogen und von einer Lohnerhöhung sogar knapp 60% (vgl. Abb. 2.2). Deshalb stoßen Forderungen wie „mehr Netto vom Brutto“ gerade auch bei den kleinen Leuten auf massive Zustimmung.

Ein Beispiel für einen Bruttolohn von 2.000 €, also ein Arbeitsentgelt von rund 2.400 € (= 2.000 € plus ca. 400 € Arbeitgeberbeitrag zur Sozialversicherung):

- Die Durchschnittsbelastung aus Lohnsteuer sowie Beiträgen von Arbeitnehmer und Arbeitgeber zur Sozialversicherung beträgt knapp 44%, also 1.050 € (=43,6%*2.400 €).

- Bei einer Bruttolohnerhöhung von 100 €, also einer Erhöhung des Arbeitsentgelts von rund 120 €, müssen insgesamt rund 66 € (=55%*120 €) Lohnsteuer und Beiträge zur Sozialversicherung zusätzlich bezahlt werden, es verbleibt eine Nettolohnerhöhung von rund 54 €.

Abb. 2.2 : Steuer- & Sozialabgabensätze auf Arbeitsentgelte 2011

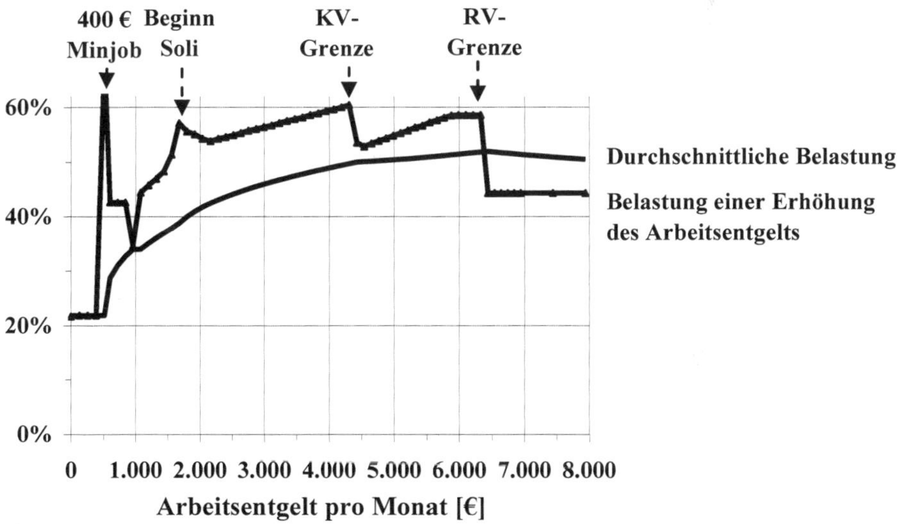

Arbeitsentgelt = Bruttolohn + Sozialabgaben der Arbeitgeber.

Hinweise: Werte für ledige Steuerpflichtige (´Grundtabelle´) inkl. Solidaritätszuschlag. Beitragssatz Rentenversicherung (RV) 19,9%, Arbeitslosenversicherung 3%; Beitragsbemessungsgrenze jeweils bei 5.500 € Bruttolohn. Beitragssatz Krankenversicherung (KV) 15,5%; Pflegeversicherung 2,2%; Beitragsbemessungsgrenze jeweils bei 3.712,50 € Bruttolohn; oberhalb der Versicherungspflichtgrenze von 4.125 € Bruttolohn wird eine freiwillige gesetzliche Kranken- und Pflegeversicherung angenommen; bei privater Kranken- und Pflegeversicherung ist die Belastung im Regelfall ab 4.125 € monatlichem Bruttolohn deutlich niedriger.

Quellen: [BMF 2011a; Gleitzonenrechner 2011].

Die in Abb 2.2 gezeigten Spitzen und darauf folgenden steilen Rückgänge der Belastung einer Erhöhung des Arbeitsentgelts gehören zu den absurden Folgen der geltenden Gesetzeslage, die zu Recht Staunen und Unmut erregt.

Die Arbeitnehmer können zwar seit 2011 aufgrund eines Urteils des Bundesverfassungsgerichts [BVerfG Krankenversicherung 2008] alle Beiträge zur gesetzlichen Kranken- und Pflegeversicherung steuerlich als Sonderausgaben geltend machen, aber in 2011 (zukünftig schrittweise wachsend) nur gut zwei Fünftel der Beiträge zur Rentenversicherung und nur maximal die auf 1.700 € monatlichen Bruttolohn entfallenden Beiträge zur Arbeitslosenversicherung.

Zukünftig sollten alle Sozialversicherungsbeiträge steuerlich geltend gemacht werden können [BFH Arbeitslosenversicherung 2010].

Abb. 2.3 zeigt die Steuer- und Abgabenbelastung von sozialversicherungspflichtigen Löhnen für ledige Steuerpflichtige im Jahr 2011. Angegeben ist der Anteil von Lohnsteuer sowie von Sozialabgaben von Arbeitnehmern und Arbeitgebern in Abhängigkeit des monatlichen Arbeitsentgelts.

Abb. 2.3 : Aufteilung der Steuern & Sozialabgaben auf Arbeitsentgelte 2011

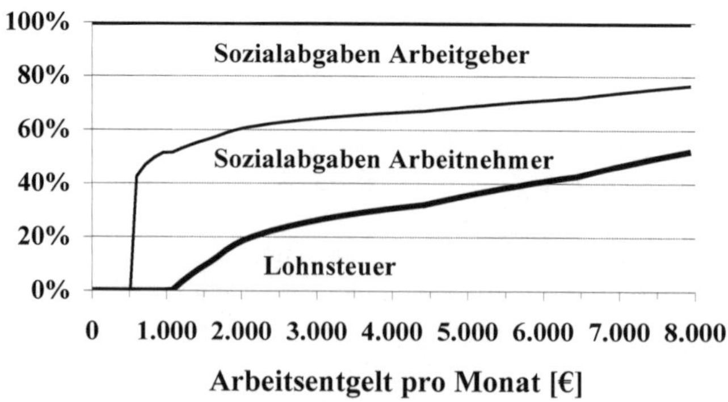

Arbeitsentgelt = Bruttolohn + Sozialabgaben der Arbeitgeber.

Quelle: Abb. 2.2.

(3) Körperschaftsteuer

Juristische Personen, wie z.B. Aktiengesellschaften, GmbHs und Genossenschaften [§ 1 Abs. 1 KStG], bezahlen Körperschaftsteuer auf das zu versteuernde Einkommen. Der Steuersatz beträgt seit 2008 15% [§ 23 Abs. 1 KStG].

(4) Gewerbesteuer

Natürliche Personen und Personengesellschaften, die eine gewerbliche Tätigkeit ausüben, sowie alle Juristischen Personen bezahlen zudem Gewerbesteuer auf das zu versteuernde Einkommen [§ 2 GewStG] zzgl. einem Viertel der Aufwendungen für Schuldzinsen und einem Sechzehntel der Aufwendungen für Lizenzgebühren [§ 8 Nr. 1 GewStG].

Der Gewerbesteuersatz muss mindestens 7% betragen [§ 16 Abs. 4 S. 2 i.V.m § 11 Abs. 2 GewStG], eine gesetzliche Obergrenze gibt es nicht. Er betrug in 2009 durchschnittlich 13,6% [Hebesätze 2009], in 2010 maximal 18,0% (Mülheim an der Ruhr), in Großstädten maximal 17,2% (München). Bei einem Gewerbesteuersatz von 14% werden Aufwendungen für Schuldzinsen mit 3,5% (14%*1/4) und Aufwendungen für Lizenzgebühren mit knapp 1% (14%*1/16) belastet.

Die bezahlte Gewerbesteuer wird auf die Einkommensteuerschuld angerechnet, soweit sie maximal einem Gewerbesteuersatz von rund 14% entspricht, so dass in diesem Fall keine zusätzliche Steuerbelastung entsteht.

Die Gewerbesteuer tritt bei der Körperschaftsteuer als zusätzliche Belastung hinzu. Der Steuersatz beträgt also insgesamt mindestens 22% (15% KSt + 7% GewSt), maximal 33% (Mülheim an der Ruhr).

(5) Solidaritätszuschlag

Auf die Einkommensteuerschuld muss seit 1995 zusätzlich 5,5% Solidaritätszuschlag bezahlt werden, falls sie bei Ledigen größer als 972 € ist (bei Verheirateten 1.944 €), also das zu versteuernde Einkommen größer als 13.191 € ist. Der Solidaritätszuschlag wird zudem ohne Freigrenze auf die Abgeltungssteuer und die Körperschaftsteuer erhoben, nicht jedoch auf die Gewerbesteuer.

(6) Steuersätze für Kapitalgesellschaften in der EU

Abb. 2.4 zeigt einen Vergleich der nominalen Steuersätze in der EU für 2000 bis 2011 für Juristische Personen (wie z.B. Aktiengesellschaften, GmbHs, Genossenschaften).

Abb. 2.4 : Nominale Steuersätze für Kapitalgesellschaften in der EU 2000-2011

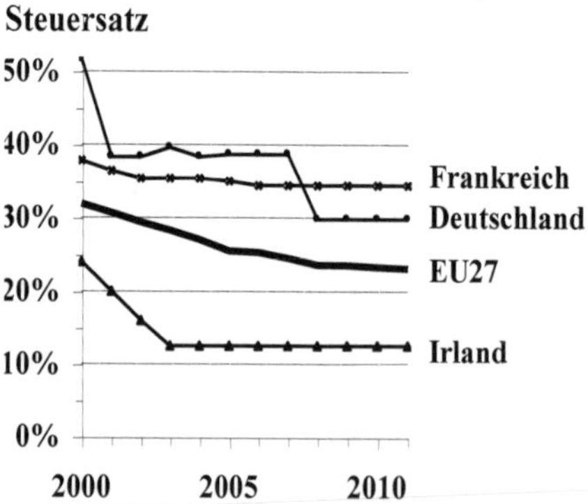

Quelle: [EU 2011b, S. 130]; angegeben sind die nominalen Steuersätze für Körperschaften inkl. lokaler Steuern (z.B. Gewerbesteuer) und Zuschlägen (z.B. Solidaritätszuschlag); bis 1990 nur Westdeutschland.

Die gezeigten Steuersätze berücksichtigen den typischen Steuersatz lokaler Unternehmensteuern wie z.B. die deutsche Gewerbesteuer von durchschnittlich rund 14%. Für Deutschland beträgt in 2011 der nominale Steuersatz rund 30% (= 15% KSt * 1,055 Soli + 14% GewSt).

Zum Vergleich: In 2011 hatten Brasilien 34%, China 25%, Indien 33%, Russland 20% und USA 39% [EU 2011b, S. 131]. Die Steuersätze sind in Europa besonders stark abgesenkt worden [Böckler 2011; Troost 2011b].

2.1.2 Tatsächlich bezahlte einkommenbezogene Steuern & Sozialabgaben

Abb. 1.1 (vgl. Kap. 1.2.1) zeigte einen Vergleich der Belastung von Arbeitsentgelten durch Steuern & Sozialabgaben sowie von Unternehmens- & Vermögenseinkommen durch Steuern. Im Folgenden werden nun diese Belastungen stärker disaggregiert.

(1) Tatsächlich bezahlte Steuer- & Sozialabgabenbelastung auf Arbeitsentgelte ist sehr hoch

Abb. 2.5a zeigt das Steuer- & Sozialabgabenaufkommen auf Arbeitsentgelte. Es betrug in 2010 insgesamt 574 Mrd. €, davon anteilige Lohnsteuer 155 Mrd. €, Sozialabgaben der Arbeitnehmer ('Arbeitnehmerbeiträge zur gesetzlichen Sozialversicherung') 182 Mrd. € und Sozialabgaben der Arbeitgeber 237 Mrd. €.

Abb. 2.5b zeigt die Belastung von Arbeitsentgelten, bestimmt als

- tatsächlich bezahlte Steuern & Sozialabgaben (Arbeitgeber- plus Arbeitnehmeranteil)

dividiert durch

- Arbeitsentgelt (= Bruttolohn plus Arbeitgeberbeiträge zur Sozialversicherung).

Die weißen bzw. schwarzen Bänder zwischen den Kurven geben jeweils das Aufkommen der benannten Steuern an (zur Berechnung vgl. Kasten 2.1).

Abb. 2.5 : Tatsächlich bezahlte Steuern & Sozialabgaben auf Arbeitsentgelte 1970-2015

a) Steuer- & Sozialabgaben auf Arbeitsentgelte

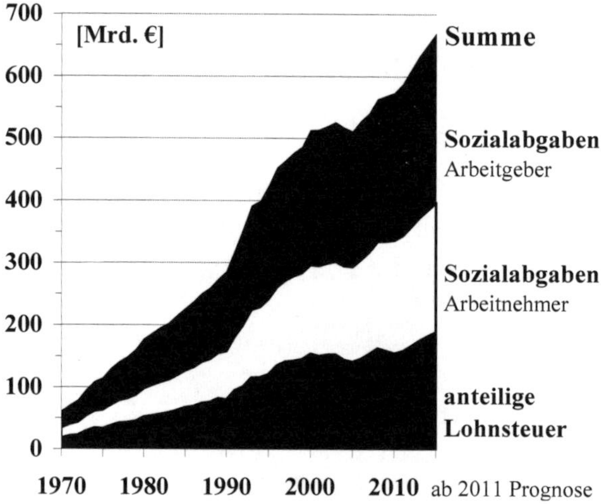

b) Belastung von Arbeitsentgelten durch Steuer- & Sozialabgaben

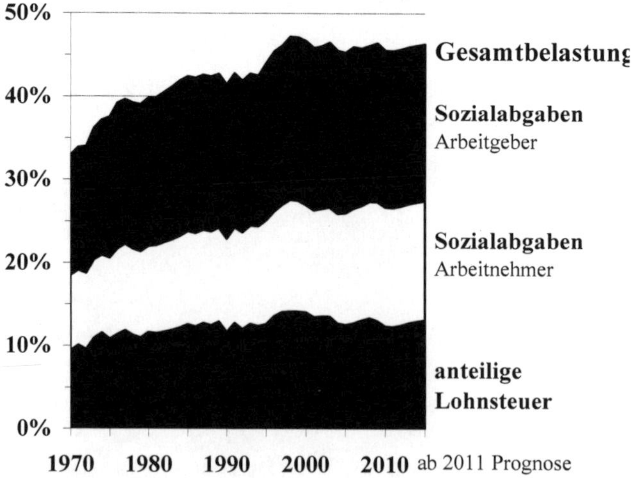

Arbeitsentgelte = Bruttolohnsumme + Sozialabgaben der Arbeitgeber
= Nettolohn + anteilige Lohnsteuer + Sozialabgaben Arbeitnehmer + Sozialabgaben Arbeitgeber.

Quellen: [BMF 2011c; VGR 2010; IMK 2011].

Die bereits in Abb. 2.2 gezeigte nominale wie auch die in Abb. 2.5b gezeigte tatsächlich bezahlte Steuer- & Sozialabgabenbelastung auf Arbeitnehmerentgelte (= Bruttolöhne zzgl. Sozialbeiträge der Arbeitgeber) betrug in Deutschland seit 2000 gut 45%; sie resultiert aus

- Sozialbeiträge der Arbeitgeber von knapp 19% (bezogen auf den Bruttolohn gut 23%),
- Sozialbeiträge der Arbeitnehmer von gut 14% (bezogen auf den Bruttolohn knapp 18%),
- Steuerbelastung von rund 12% (bezogen auf den Bruttolohn rund 15%).

(2) Tatsächlich bezahlte Steuerbelastung auf Unternehmens- & Vermögenseinkommen ist niedrig

Abb. 2.6a zeigt das Steueraufkommen durch einkommenbezogene Besteuerung von Unternehmens- & Vermögenseinkommen.

Es betrug in 2010 insgesamt 120 Mrd. €, davon anteilige Einkommensteuer (inkl. 10% Lohnsteueranteil (vgl. Kasten 2.1), Abgeltungssteuer und Solidaritätszuschlag) 73 Mrd. €, Körperschaftsteuer 13 Mrd. € und Gewerbesteuer 35 Mrd. €.

Die weißen bzw. schwarzen Bänder zwischen den Kurven geben jeweils das Aufkommen der benannten Steuern an; zur Berechnung vgl. Kasten 2.1.

Die netto resultierenden Unternehmens- & Vermögenseinkommen lagen mit 503 Mrd. € in 2010 beim gut Vierfachen der darauf insgesamt bezahlten Steuern. Dies steht im deutlichen Kontrast zu den Nettolöhnen, die mit 684 Mrd. € nur wenig über deren insgesamt bezahlten Steuer- & Sozialabgaben von 574 Mrd. € lagen (Abb. 2.5a).

Abb. 2.6 : Tatsächlich bezahlte einkommenbezogene Steuern auf Unternehmens- & Vermögenseinkommen 1970-2015

a) Einkommenbezogene Steuern

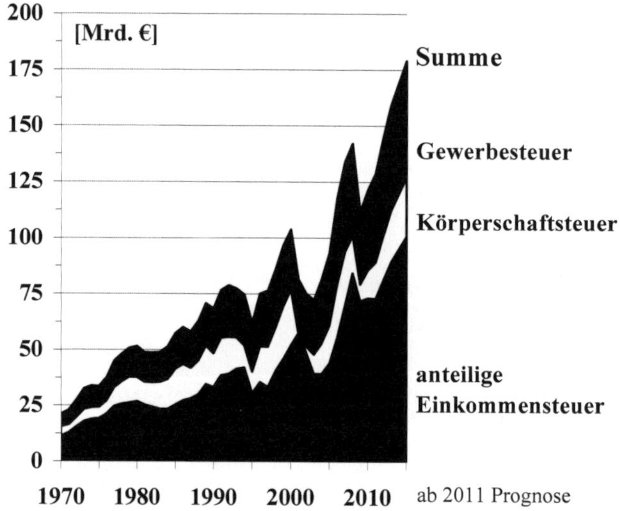

b) Belastung durch einkommenbezogene Steuern

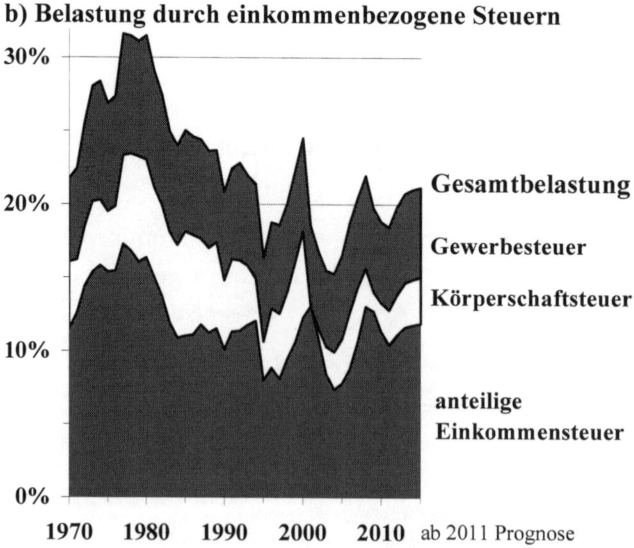

Quellen: [BMF 2011c; VGR 2010; IMK 2011].

Abb. 2.6b zeigt die tatsächlich bezahlte Belastung von Unternehmens- & Vermögenseinkommen durch einkommenbezogene Besteuerung. Sie betrug 2010 nur knapp 19%, davon anteilige Einkommensteuer gut 11%, Körperschaftsteuer 2% und Gewerbesteuer gut 5%. Hinzu kommt die vermögenbezogene Steuerbelastung durch Grund-, Grunderwerb- und Erbschaftsteuer von rund 3,5% (vgl. Abb. 3.1b in Kap. 3.1.5).

Die Steuerbelastung auf Unternehmens- & Vermögenseinkommen liegt deutlich unter dem EU27-Durchschnitt und ist auch deutlich niedriger als in anderen größeren EU-Staaten (z.B. Italien und UK 39%, Frankreich 36%, Spanien und Österreich 27%). Nur die kleineren osteuropäischen EU-Länder liegen etwas darunter sowie die Niederlande mit 15% [EU 2011b, S. 136].Das Steueraufkommen auf Unternehmenseinkommen und Vermögen ist deshalb so niedrig, weil zum einen im internationalen Vergleich deren Steuersätze niedrig sind, v.a. aber weil es hier unzählige Ausnahmen von den rechtlichen Prinzipien einer gleichmäßigen Besteuerung nach der Leistungs**fähigkeit** gibt und es dadurch gerade sehr Wohlhabenden und global operierenden Unternehmen häufig ganz legal ermöglicht wird, weniger als die Hälfte der nominalen Steuersätze tatsächlich zu bezahlen (vgl. Kap. 2.1.2(3)).

Fazit: Die tatsächlich bezahlte Steuerbelastung auf Unternehmens- & Vermögenseinkommen ist niedrig, auch im internationalen Vergleich.

(3) Nominale versus tatsächlich bezahlte Steuer- & Sozialabgabensätze

Die tatsächlich bezahlte Belastung für Arbeitsentgelte liegt mit rund 45% (Abb. 2.5b) nahe beim nominalen Steuer- & Sozialabgabensatz von rund 50% (vgl. Abb. 2.2) im Gegensatz zu Unternehmens- & Vermögenseinkommen, bei denen die tatsächlich bezahlte Belastung weit unter den gesetzlich vorgesehenen Steuersätzen liegt.

Für Unternehmens- & Vermögenseinkommen liegen die **nominalen Steuersätze** mit 25% bis 45% deutlich unter den nominalen Sätzen für Arbeitsentgelte:

- Abgeltungssteuer für private Kapitaleinkommen nur 25%,
- Körperschaft- plus Gewerbesteuer je nach lokalem Hebesatz nur 22% bis 33% (Kap. 2.1.1(3,4)),
- Einkommensteuer max. 45% (Kap. 2.1.1(1)).

Zudem wurden zahlreiche systemwidrige und volkswirtschaftlich schädliche Vermeidungswege – u.a. durch die Globalisierung – eröffnet und vom Gesetzgeber toleriert und z.T. sogar gefördert, etwa zugunsten globaler Finanzierungsgesellschaften wie so genannter Hedge- und Private-Equity-Fonds [Jarass/Obermair 2007b/c]. Nutznießer sind v.a. international operierende Unternehmen.

Im Ergebnis betrug 2010 in Deutschland die tatsächlich bezahlte Steuerbelastung auf Unternehmens- & Vermögenseinkommen nur rund 22% (Abb. 1.1c in Kap. 1.2.1).

Die tatsächlich bezahlte Belastung von Lohneinkommen durch Steuern & Sozialabgaben war in 2010 mit gut 45% mehr als doppelt so hoch wie die Steuerbelastung von Unternehmens- & Vermögenseinkommen von gut 20%.

(4) Die Großen bezahlen zwar viel Einkommensteuer, aber nur wenig Sozialabgaben

Ein Zehntel der Einkommensteuerzahler hatten einen jährlichen Gesamtbetrag der Einkünfte von **über 75.000 €**. Sie bezahlten gemäß der aktuellsten Einkommensteuerstatistik in 2007 gut die Hälfte der Einkommensteuer [Einkommensteuerstatistik 2007]. Daraus wird häufig der Schluss gezogen, dass die kleinen Leute und die Normalverdiener nur wenig zum Staatswesen beitragen und die größeren Einkommen steuerlich entlastet werden sollten. Dabei bleiben aber sowohl die indirekten Steuern unberücksichtigt wie auch die Beiträge zur Sozialversicherung:

- Allein durch die Mehrwertsteuer wird das Haushaltsnettoeinkommen des ärmsten Zehntels mit knapp 12% belastet, das des reichsten Zehntels nur mit gut 6% [Bach 2011b, Tab. 2]. Der Umverteilungseffekt bei der Einkommensteuer relativiert sich so erheblich [Lieb 2011].
- Ein wesentlicher Teil der Sozialversicherungsbeiträge hat Steuercharakter, weil daraus auch ein Teil der sozialstaatlichen Transfers an alle Nicht-Beitragszahler geleistet wird [Jarass/Obermair 2002, Kap. 4.4]. Der Beitrag zur **Sozialversicherung** ist gerade bei Normalverdienern besonders hoch (vgl. Abb. 2.2 in Kap. 2.1.1(2)), bei Großverdienern, die im Regelfall v.a. Einkommen aus Kapitalvermögen, selbständiger Tätigkeit und Gewerbebetrieb haben, wegen der rein lohnbezogenen Beitragserhebung der Sozialversicherung sehr niedrig.

Nicht nur die Arbeitnehmerbeiträge, sondern auch die Arbeitgeberbeiträge zur Sozialversicherung sind Lohnbestandteil und müssen als Lohnkosten von den Unternehmen erwirtschaftet werden. Bei Einstellung eines neuen Mitarbeiters bekommt der neue Mitarbeiter nur gut die Hälfte der Lohnkosten auf sein Konto, die andere Hälfte nimmt der Staat für Steuern und Sozialabgaben; dies demotiviert Neueinstellungen und ist ein starker staatlich gesetzter Anreiz, Mitarbeiter wegzurationalisieren. Hier besteht erheblicher Handlungsbedarf. Gerade in einer tendenziell nur noch gering wachsenden Wirtschaft sind Erhalt und Schaffung von Arbeitsplätzen von entscheidender Bedeutung für die politische Akzeptanz des Sozialstaats.

Die gesamten Sozialbeiträge müssen also von den Arbeitnehmern als Lohnbestandteil erarbeitet werden, da sie sonst ihren Arbeitsplatz verlieren. Es wäre zu prüfen, ob Sozialversicherungsleistungen für Nicht-Beitragszahler besser aus dem allgemeinen Staatshaushalt und nicht aus Beitragszahlungen finanziert werden sollten. Zur Gegenfinanzierung könnte die staatliche Förderung von Riester- und Rürupренten eingestellt werden, da sie einen "Reinfall statt Rendite" [Öko-Test 2009] darstellen, primär die Finanzindustrie subventionieren [Oehler 2009] und sehr wenig zur Vermeidung von Altersarmut beitragen.

Fazit: Ein Zehntel der Einkommensteuerpflichtigen bezahlen zwar über die Hälfte der Einkommensteuer, aber nur wenig Sozialabgaben.

Inwieweit ein Reformbedarf beim Einkommensteuertarif besteht, ist strittig [Truger/Teichmann 2011, Kap. 3; Lieb 2011]. Bei einer Reform sollten aber in jedem Fall kleinere und durchschnittliche Einkommen entlastet werden, ohne größere Einkommen zu begünstigen.

Kasten 2.1 : Erläuterungen zur Berechnung der Belastungen durch Steuern & Sozialabgaben

(a) Lohnsteueraufkommen und gesamtes Steueraufkommen

Steuersystematisch ist Lohnsteuer eine Einkommensteuervorauszahlung auf Einkommen aus nicht-selbständiger Arbeit. Die Arbeitgeber verrechnen damit das von ihnen ausbezahlte Kindergeld (ca. 30 Mrd. € pro Jahr) und weitere Transfers und Subventionen und führten deshalb kassenmäßig nur rund 128 Mrd. € Lohnsteuer ab [IMK 2011, BMF 2011c, Tab. 11] zzgl. gut 8 Mrd. € Solidaritätszuschlag, insgesamt also gut 136 Mrd..

Das tatsächliche Lohnsteueraufkommen betrug inkl. Solidaritätszuschlag 172 Mrd. € [VGR 2010, Tab. 2.1.8.1], knapp 36 Mrd. mehr als kassenmäßig eingegangen waren.

Das gesamte Steueraufkommen war also knapp 36 Mrd. € höher als die gesamten kassenmäßigen Steuereinnahmen aus allen Steuerarten von knapp 531 Mrd. € [BMF 2011c, Tab. 11] und betrug damit in 2010 rund 566 Mrd. €.

(b) Arbeitsentgelte

Arbeitsentgelte werden durch Lohnsteuern und durch Sozialbeiträge der Arbeitnehmer und Arbeitgeber belastet. Bei der Bestimmung der abzuführenden Lohnsteuer werden die gesetzlichen Sozialbeiträge, soweit steuerlich abzugsfähig, und die Werbungskosten in Höhe des Arbeitnehmerpauschbetragsbetrags von 920 € pro Jahr berücksichtigt. Die darüber hinaus gehenden so genannten ′erhöhten Werbungskosten′ betrugen in 2006 insgesamt 33,9 Mrd. € [Einkommensteuerstatistik 2006, S. 13]. Hierfür wurden bei einem hoch angesetzten durchschnittlichen Grenzsteuersatz (′Spitzensteuersatz′)

von 35% rund 12 Mrd. € Lohnsteuer bei der Einkommensteuererklärung rückerstattet, die in dieser Höhe die Summe der insgesamt veranlagten Einkommensteuer mindert; das sind gut 7% der für 2006 als Lohnsteuer ausgewiesenen 163 Mrd. € [VGR 2010, Tab. 2.1.8.1].

Für die Berechnung der Belastung der Arbeitsentgelte wird deshalb die [VGR 2010, Tab. 2.1.8.1] ausgewiesene 'Lohnsteuer' pauschal um 10% gekürzt [Jarass/Obermair 2002, S. 35]. Dadurch wird die tatsächlich auf Arbeitsentgelte entfallende Lohnsteuer vermutlich etwas unterschätzt.

'Sozialabgaben' sind die Sozialbeiträge gemäß Volkswirtschaftlicher Gesamtrechnung [VGR 2010].

Zur Aufteilung der Arbeitsentgeltbelastung auf Lohnsteuer und Sozialabgaben siehe Abb. 2.5b.

(c) Unternehmens- & Vermögenseinkommen

Unternehmens- & Vermögenseinkommen werden durch einkommen- und durch vermögenbezogene Steuern belastet. Zu den Grundlagen der Berechnung siehe [Jarass/Obermair 2006, Kap. 2; Jarass/Obermair 2002, Kap. 3, Kasten 4].

Einkommenbezogene Steuern sind anteilige Einkommensteuer, Körperschaft- und Gewerbesteuer [BMF 2011c bzw. IMK 2011]. Das anteilige Aufkommen aus Einkommensteuer besteht aus der veranlagten Einkommensteuer zzgl. Zinsabschlag- bzw. Abgeltungssteuer zzgl. dem oben nicht den Arbeitsentgelten zugerechneten Teil der Lohnsteuer (10% der in [VGR 2010, Tab. 2.1.8.1] angegebenen Lohnsteuer), da etwa in diesem Umfang die veranlagte Einkommensteuer durch auf die Arbeitsentgelte entfallenden Einkommensteuerrückerstattungen reduziert wird.

Vermögenbezogene Steuern sind Vermögen-, Grund-, Grunderwerb- und Erbschaftsteuer [BMF 2011c; IMK 2011].

Zur Aufteilung der einkommenbezogenen Belastung von Unternehmens- & Vermögenseinkommen durch anteilige Einkommensteuer, Körperschaft- und Gewerbesteuer siehe Abb. 2.6b, zur Aufteilung der vermögenbezogenen Belastung von Unternehmens- & Vermögenseinkommen durch Vermögen-, Grund-, Grunderwerb- und Erbschaftsteuer siehe Abb. 3.1b.

2.2 Erforderliche Reformmaßnahmen bei den einkommenbezogenen Steuern

Die Umsetzung der Besteuerung ist bei Einkünften aus nichtselbständiger Arbeit, also bei Lohneinkommen offensichtlich kein Problem: Lohnsteuer und Sozialabgaben werden vom Arbeitgeber bei der Lohnauszahlung abgezogen und an Finanzamt und Sozialversicherung weitergeleitet. Deshalb liegt das tatsächlich bezahlte Aufkommen auch nur wenig unter dem rechnerisch auf Grund der gesetzlichen Steuer- und Abgabensätze abgeschätzten Aufkommen.

Bei den übrigen Einkunftsarten, v.a. bei den Einkünften aus Gewerbebetrieb, aus selbständiger Arbeit und aus Kapitalvermögen wurden in den letzten 2 Jahrzehnten nicht nur die Steuersätze stark gesenkt (und die Erhebung der Vermögensteuer ausgesetzt, vgl. Kap. 3.1.1), sondern auch zahlreiche neue Wege der legalen Steuervermeidung eröffnet, zum einen durch immer neue Sonderregelungen im deutschen Steuerrecht, zum anderen vermittels der weltweiten Kapitalverkehrsfreiheit in Verbindung mit globalen Finanzierungsinstrumenten. Hinzu kommen Steuerhinterziehung und Steuerbetrug, auch gefördert durch Bankgeheimnis und Anonymität von Kapitalvermögen nicht nur in Steueroasen, sondern auch in Deutschland.

Wie in Abb. 1.1 gezeigt, stieg der Anteil der Unternehmens- & Vermögenseinkommen am Volkseinkommen zwischen 1980 und 2010 von 27% auf 34%, also um gut ein Viertel an, hingegen wurde ihre Gesamt-Steuerbelastung von 35% auf 22%, also um über ein Drittel gesenkt.

Offensichtlich ist eine systematische Verringerung von Steuervermeidung (legal) und Steuerhinterziehung (illegal) erforderlich. Hierfür werden im Folgenden schnell umsetzbare Maßnahmen vorgeschlagen, die EU-konform sind und auch keiner Zustimmung durch die EU bedürfen.

Die folgende Abschnitte 2.2.1 bis 2.2.5 beziehen sich auf die gewichtigsten, aber keineswegs auf alle der heutigen gesetzlichen Bestimmungen, die es ermöglichen, erhebliche Anteile der in Deutschland erwirtschafteten Einkommen häufig legal, teils aber auch ohne allzu großes Risiko illegal, der Besteuerung in Deutschland zu entziehen.

2.2.1 Steuervermeidung systematisch verringern

Steuervermeidung und Steuerflucht kann systematisch verringert werden durch Aktualisierung der Bemessungsgrundlage der Unternehmensbesteuerung. Dies ist rein national möglich ohne Erfordernis einer vorherigen EU-Harmonisierung des Steuersystems.

(1) Fallbeispiele

Die Ursachen für diesen Steueraufkommensschwund können durch einige durchaus realistische Fallbeispiele illustriert werden:

- Ein Familienbetrieb betreibt seit Generationen ein elegantes, gediegenes Möbelhaus in der Altstadt. Die Familie lebt und arbeitet im eigenen Haus. Der Familienbetrieb ist weitgehend eigenkapitalfinanziert, da die Familie ihre Ersparnisse im Betrieb investiert.
- Eine bekannte globale Möbelkette, nennen wir sie IKEA, betreibt ihre Geschäfte in einer gemieteten neuen Halle in einer dörflichen stadtnahen Gemeinde gleich bei der Autobahnausfahrt. Die Möbelkette ist überwiegend fremdfinanziert mit sehr wenig Eigenkapital und bezahlt für die Nutzung des Namens ihrer Muttergesellschaft Lizenzgebühren an eine ausländische Lizenzverwaltungsgesellschaft.

Wie clever die Möbelkette dabei die überholten deutschen Gesetze nutzen kann, zeigt sich erst bei der Analyse der jeweiligen Besteuerung, die im Wesentlichen nur den ausgewiesenen Gewinn belastet, der sich als Umsatz minus Kosten ergibt [Jarass/Obermair 2006, Kap. 4.2]:

- Beim Familienbetrieb ergibt sich also der Gewinn, indem von den Verkaufserlösen die Zahlungen an die Möbellieferanten, Löhne und sonstige kleinere Kosten abgezogen werden. Schuldzinsen und Lizenzgebühren fallen nicht an. Es verbleiben in guten Jahren vielleicht

4% vom Umsatz als Gewinn, von dem dann gut ein Drittel als Einkommen- und Gewerbesteuer zu entrichten sind (vgl. Abb. 2.1 in Kap. 2.1.1.(1)).

- Die Möbelkette ist viel profitabler, vor Berücksichtigung von Mietzahlungen sowie der bezahlten Schuldzinsen und Lizenzgebühren ergibt sich eine Umsatzrendite von bis zu 10%. Nach Berücksichtigung der genannten Zahlungen, die, in Deutschland unbesteuert, an ausländische Kapital- und Lizenzverwaltungsgesellschaften fließen, verbleibt als zu versteuernder Gewinn weniger als 1% des Umsatzes, und dementsprechend eine Steuerbelastung im Promille-Bereich des Umsatzes.

Wie lange wird der Familienbetrieb diesen vom deutschen Gesetzgeber herbeigeführten unfairen Wettbewerb wohl durchhalten?

Die Schuldzinsen und Lizenzgebühren bleiben natürlich auch im Ausland weitgehend unbesteuert. Ein überzeugendes Beispiel ist das Modell 'Double Irish', das es in Deutschland tätigen Unternehmen einer internationalen Fonds- oder Holdinggesellschaft ermöglicht, ganz legal fast alle in Deutschland erwirtschafteten Kapitalerträge hier steuerfrei zu stellen und sie z.B. als Schuldzinsen letztlich dem Mutterunternehmen zuzuführen, wo sie bei üblicher Ausgestaltung ebenfalls fast unbesteuert bleiben:

- Die deutsche Tochtergesellschaft wird größtenteils fremdfinanziert, die in Deutschland erwirtschafteten Schuldzinsen werden hier steuerlich als Kosten geltend gemacht, so dass kaum ein in Deutschland zu versteuernder Gewinn verbleibt [Jarass/Obermair 2006, Kap. 4.2 zum Paradebeispiel IKEA]. Die Schuldzinsen gehen unbesteuert zur irischen Gesellschaft ′Irland I′. Von dort werden sie steuerfrei nach Niederlande transferiert und von dort, wieder steuerfrei, zur irischen Gesellschaft ′Irland II′, die ihren Steuersitz auf den Caymans oder Bermuda Inseln hat und damit nach geltendem Recht in Irland steuerfrei ist.
- Dieses legale Steuervermeidungsmodell funktioniert auch bei Lizenzgebühren: Ein Konzern transferiert Lizenzrechte zur irischen Gesellschaft ′Irland I′, diese vermietet diese Lizenzrechte an die irische Gesellschaft ′Irland II′, und diese wiederum vergibt die Lizenzrechte an

z.B. deutsche Lizenznehmer. Die deutschen Lizenznehmer machen die bezahlten Lizenzgebühren in Deutschland als steuerliche Kosten geltend, die wirtschaftlichen Eigentümer der Lizenzrechte, wie z.B. Google, Microsoft, Oracle Corp., Pfizer Inc. etc., erhalten die Erträge ohne jede Besteuerung. Ähnliche legale Steuersparmodelle können standortnah über Luxemburg und die Schweiz für europäische Lizenzgeber gestaltet werden.

Solch offensichtlicher Missbrauch der hochentwickelten öffentlichen Infrastruktur in Deutschland durch Unternehmen, die mittels vom deutschen Gesetzgeber ermöglichter Steuervermeidung und Steuerflucht kaum mehr zur Finanzierung der Grundlagen ihrer Tätigkeiten beitragen [Jarass/Obermair 2005, Kap. 4/5], kann vom deutschen Gesetzgeber auch ohne internationale Harmonisierung zurückgedrängt werden, indem die Bemessungsgrundlagen der Unternehmensbesteuerung entsprechend den globalen Wirtschafts- und Finanzbedingungen erweitert werden, wie im Folgenden erläutert wird.

(2) Kapitalentgelt statt Gewinn als Bemessungsgrundlage der Unternehmensbesteuerung

Eigenes wie fremdes Kapital, das ein Unternehmen nutzt, besteht zum einen aus materiellem Kapital, also aus realem Betriebsvermögen, zum anderen aus immateriellem Kapital, wie Nutzungsrechten (z.B. an bekannten Firmennamen wie IKEA) oder aus gesetzlich geschütztem Wissen (z.B. Patente). Sowohl materielles wie immaterielles Kapital liegt dabei jeweils relativ klar getrennt vor als eigenes oder als fremdes Kapital.

Wie ist Kapitalentgelt definiert? Vom Erlös für die produzierten Güter oder Dienstleistungen werden die Lohnkosten für die Mitarbeiter ('Arbeitsentgelt') und die Kosten für Rohstoffe und Vorprodukte ('Vorleistungen') abgezogen:

Kapitalentgelt =
Erlös minus Arbeitsentgelt minus Vorleistungen.

Eine Besteuerung aller für Eigen- wie für Fremdkapital im Betrieb erwirtschafteten Kapitalentgelte dient der Herstellung fairer Wettbewerbsbedingungen zwischen lokal und global tätigen Unternehmen. Eine derartige Besteuerung könnte einfach und umgehungsresistent durchgeführt werden, weil die Kapitalentgelte in etwa dem Gewinn vor Abzug von Zinsen und Steuern (EBIT: earnings before interest and taxes) entsprechen, der ohnehin im Rahmen jeder Bilanzierung erhoben wird.

Die Steuerbemessungsgrundlage ′Gewinn′ ergibt sich heute vielfach nur noch als Restgröße, nachdem erhebliche, häufig steuergetriebene Aufwendungen für Schuldzinsen und Lizenzgebühren vom Kapitalentgelt abgezogen worden sind:

Gewinn =
Kapitalentgelt minus Schuldzinsen minus Lizenzgebühren.

Nur soweit keine Schuldzinsen für Fremdkapital und Lizenzgebühren für in Anspruch genommenes Namens- und Wissenskapital anfallen, also das Unternehmen vollständig durch Eigenkapital finanziert ist, sind ′Kapitalentgelt′ und ′Gewinn′ weitgehend identisch. Nach diesem traditionellen, umfassenden Verständnis von ′Gewinn′ werden Unternehmen mittels der Gewinnbesteuerung zur Finanzierung der Ausgaben der öffentlichen Hand herangezogen, deren öffentliche Infrastruktur eine notwendige Voraussetzung jeder modernen wirtschaftlichen Tätigkeit bildet: Verkehrs- und Kommunikationsnetze, die Einrichtungen für Erziehung, Bildung, Wissenschaft und Kultur, soziale Absicherung, öffentliche Sicherheit und eine Justiz, die allgemeine Rechtssicherheit garantiert [Jarass/Obermair 2006, Kap. 6].

Der ′Gewinn′ und insbesondere der ′zu versteuernde Gewinn′ entspricht jedoch in immer geringerem Umfang dem gesamten ′Kapitalentgelt′.

- Solange die deutsche Wirtschaft und vor allem das deutsche Kreditwesen überwiegend national orientiert waren, wurde zwar auch nur ein Teil der in Deutschland erwirtschafteten Kapitalentgelte, eben nur der als Gewinn ausgewiesene Teil, von den Unternehmen versteuert. Der als geleistete Schuldzinsen ausgewiesene Teil konnte dann aber beim deutschen Kreditgeber, nämlich bei den großen deutschen Geldgebern und bei den deutschen Sparern besteuert werden, was allerdings schon damals auf Grund einer Vielzahl von Freistellungen nur unzureichend geschah.

- Der herkömmliche Typ von einheitlich strukturierten und überwiegend eigenkapitalfinanzierten Unternehmen, bei denen der ´Gewinn´ als im Betrieb erwirtschafteter Vermögenszuwachs [§ 4 Abs. 1 EStG] und das gesamte ´Kapitalentgelt´ in etwa übereinstimmen, ist heute wohl fast nur noch bei kleineren lokalen Betrieben zu finden. Die meisten großen Unternehmen sind, nicht zuletzt wegen der enormen steuerlichen Vorteile einer solchen Strategie, in ein verschachteltes, über viele Nationen ausgedehntes System von Teilunternehmen, Müttern und Töchtern, Holdings und Finanzierungsgesellschaften zerlegt. So gelingt es ihnen, das im einzelnen Betrieb eines solchen Geflechts erwirtschaftete ´Kapitalentgelt´ nicht als ´Gewinn´ im Sinne des Einkommens- oder Körperschaftsteuergesetzes anfallen zu lassen. Vielmehr wird dieses in Deutschland erwirtschaftete ´Kapitalentgelt´ – meist ganz legal – der inländischen Besteuerung entzogen, indem es z.B. in Form von Schuldzinsen an (formal) ausländische Kreditgeber oder in ans Ausland zu zahlende Lizenzgebühren verwandelt wird, oder indem es für Investitionen im Ausland, deren Erträge im Inland steuerfrei sind, verwendet wird etc..

Die Unternehmens- und Kapitalerträge werden aber auch heute genau dort verdient, wo das Kapital real investiert ist, nämlich in Fabriken, Forschungseinrichtungen, Handwerks- und Dienstleistungsbetrieben. Sie können und sollten auch dort besteuert werden: think global, tax local [Gewerbesteuer 2006].

Dies ergibt zusammen mit der beim Betrieb erhobenen Lohnsteuer eine Besteuerung der in Deutschland **produzierten** Wertschöpfung. Diese Besteuerung ist EU-rechtlich zulässig [EuGH IRAP 2006; EuGH Gewerbesteuer 2011] und ergänzt die Mehrwertsteuer, die auf die in Deutschland **konsumierten** Güter und Dienstleistungen erhoben wird.

Erforderliche Maßnahmen:
Besteuerung der gesamten im Inland erwirtschafteten Kapitalentgelte, also wie bisher Gewinne, zukünftig auch geleistete Schuldzinsen und Lizenzgebühren, die dann nicht mehr unbesteuert in Steueroasen fließen können:

- **Besteuerung nicht nur beim Empänger, sondern auch an der Quelle, also beim Betrieb.**
- **Besteuerung unabhängig vom in- oder ausländischen Sitz des Kapitaleigentümers.**

(3) Auswirkungen

(a) In unserem Fallbeispiel (vgl. Kap. 2.2.1(1)) würde sich an der Besteuerung für das lokale Möbelhaus und viele vergleichbare mittelständische Betriebe im ersten Schritt nicht viel ändern, wohl aber für ihre Konkurrenten wie die globale Einrichtungskette oder die mit Lizenzen arbeitenden Franchiseunternehmen: Innerhalb einer Übergangsfrist würden schrittweise ihre geleisteten Schuldzinsen und Lizenzgebühren ähnlich besteuert wie die Gewinne des lokalen Möbelhauses. Damit würde die unfaire Diskriminierung des lokalen Mittelstandes entscheidend abgeschwächt und seine Wettbewerbsfähigkeit bedeutend erhöht.

(b) Die steuergetriebene Tendenz zu Fremdfinanzierung würde insgesamt abgeschwächt und der Eigenkapitalanteil erhöht, wodurch alle Firmen und deren Arbeitsplätze gegenüber Krisen besser geschützt wären. Das vorher gezeigte Steuersparmodell des ′Double Irish′ für gezahlte Schuldzinsen würde ganz unwirksam gemacht werden, für gezahlte Lizenzgebühren überwiegend.

(c) Bisher haben die Private-Equity-Fonds den aufgekauften Unternehmen keineswegs Eigenkapital (′equity′) zugeführt, sondern vielmehr, unterstützt durch die deutsche Steuergesetzgebung, das vorhandene Eigenkapitel abgesaugt und die Unternehmen hoch verschuldet [Jarass/Obermair 2007b/c]. Dieses Geschäftsmodell würde nun nicht mehr steuerlich prämiiert werden und so der unfaire Wettbewerbsvorteil dieser Firmenaufkäufer deutlich reduziert werden.

(d) Das kleine bis mittelgroße mittelständische Unternehmen, das sich nicht am internationalen Kapitalmarkt refinanzieren kann, sondern z.B. für eine Betriebserweiterung einen Kredit der regionalen Sparkasse aufnehmen muss, scheint zumindest in dieser Hinsicht durch eine Besteuerung des gesamten von ihm erwirtschafteten Kapitalentgelts einschließlich der an die Sparkasse bezahlten Schuldzinsen benachteiligt gegenüber der derzeitigen Situation, wo die gesamten Schuldzinsen steuerlich als Kosten geltend gemacht werden können: Ein Steuersatz von z.B. 20% würde einen von der Bank verlangten Zinssatz von 5% aus Sicht des Unternehmens auf 6% erhöhen. Hierfür müssten für kleinere Unternehmen Freibeträge bei der Besteuerung der Schuldzinsen (ähnlich wie derzeit schon bei der Gewerbesteuer) und für mittlere Unternehmen ggf. geeignete Stundungen eingeräumt werden.

Fazit: Die einheitliche Bemessungsgrundlage ´Kapitalentgelt´ statt ´Gewinn´ wäre nicht nur zur Vergleichmäßigung der Steuereinnahmen sinnvoll, sondern v.a auch zur Steuervereinfachung und zur systematischen Verringerung von Steuervermeidung und Steuerflucht. Verschiebungen von in Deutschland erwirtschafteten Kapitalentgelten in Steueroasen werden damit systematisch vermindert. Komplizierte ´anti-abuse´-Einzelmaßnahmen des deutschen Steuerrechts, z.B. im Außensteuerrecht, können dann deutlich verringert werden. Die einheitliche Bemessungsgrundlage ´Kapitalentgelt´ würde Abgrenzungsprobleme wesentlich verringern und dadurch das deutsche Unternehmenssteuersystem deutlich vereinfachen.

(4) Bekämpfung von Steuervermeidung und Steuerflucht möglich ohne internationale Harmonisierung

Es steht jedem EU-Staat frei, ohne vorherige Abstimmung mit anderen EU-Staaten einen Anfang in Richtung ´Kapitalentgeltsteuer´ zu unternehmen, ggf. zusammen mit anderen vom unfairen Steuerwettbewerb negativ betroffenen Ländern. So hat z.B. Deutschland seit 2008 eine Besteuerung aller Kapitalentgelte im Rahmen der Gewerbesteuer eingeführt, wenn auch mit einem sehr niedrigen resultierenden Steuersatz von nur rund 3,5% (vgl. Kap. 2.1.1.(4)). Bei einer deutlichen Erhöhung dieses Steuersatzes gäbe es einen inhärenten Druck auf die anderen EU-Staaten, sich dem neuen System anzuschließen, da die ihnen zufließenden Schuldzinsen und Lizenzgebühren schon in Deutschland ausreichend versteuert wären und ihnen damit die bisherigen Möglichkeiten der Besteuerung von nicht in ihrem Land erzielter Wertschöpfung weitgehend genommen wären [Jarass/Obermair 2007a]. Es bestehen also gute Aussichten, die neue Bemessungsgrundlage ´Kapitalentgelte´ EU-weit zu verankern. Eine konkrete Initiative, die innerhalb der EU ergriffen werden könnte, wurde von den Autoren dieses Berichts veröffentlicht [Jarass/Obermair 2008a/b].

2.2.2 Kein steuerlicher Abzug von Aufwendungen, soweit resultierende Erträge steuerfrei sind

Ein Grundpfeiler des Einkommensteuerrechts sollte wieder hergestellt werden: Kein steuerlicher Abzug von Aufwendungen, soweit resultierende Erträge steuerfrei sind. Aufwendungen, v.a. für Fremdkapital, sollten nur dann in Deutschland steuerlich absetzbar sein, falls auch daraus resultierende Erträge in Deutschland versteuert werden.

Derzeit können insbesondere global operierende Unternehmen Aufwendungen steuerlich in Deutschland geltend machen, obwohl die zugehörigen (meist im Ausland anfallenden) Erträge in Deutschland steuerfrei sind [§ 8b KStG; Aufweichung von § 3c EStG]. Besonders problematische Folge: Der Abbau von Anlagen und Arbeitsplätzen in Deutschland und ihre

Verlagerung in Niedriglohnländer wird auch noch steuerlich gefördert. Gerade bei vermutlich anhaltend niedrigen Wachstumsraten wird dies zu einer dramatischen Verschärfung des Kampfs um Arbeitsplätze in Deutschland führen.

Erforderliche Maßnahme:
Kein steuerlicher Abzug von Aufwendungen, soweit resultierende Erträge steuerfrei sind.

Der größte Teil der Aufwendungen, die in Deutschland steuerlich geltend gemacht werden, obwohl die damit zusammenhängenden Erträge in Deutschland steuerfrei sind, besteht aus geleisteten Schuldzinsen. Gerade hier bestehen Abgrenzungsprobleme ('wofür wurde der Kredit aufgenommen?') und damit zusammenhängend Umgehungsmöglichkeiten. Dieses Problem würde stark gemildert werden, indem zukünftig nicht mehr der Gewinn, sondern die im Betrieb erwirtschafteten Kapitalentgelte, wie z.B. geleistete Schuldzinsen, bereits bei der Betriebsstätte besteuert würden (vgl. Kap. 2.2.1).

2.2.3 Verlustverrechnung stärker beschränken

(1) Verlustverrechnung zwischen verbundenen Gesellschaften beschränken

Gesellschaftsrechtlich voneinander unabhängige Tochtergesellschaften eines Konzerns können im Rahmen der steuerlichen Organschaft ihre Gewinne und Verluste saldieren und müssen nur auf den Saldo Steuern bezahlen. Von diesem Privileg waren 2006 rund 3% von insgesamt gut 900.000 unbeschränkt körperschaftsteuerpflichtigen Gesellschaften begünstigt [Körperschaftsteuerstatistik 2006, S. 20, Tab. 2.4]. Im Gegensatz dazu müssen alle Handwerksunternehmen auf ihren jeweiligen Gewinn Steuern bezahlen, Verluste können sie nur auf die Folgejahre vortragen, eine Saldierung der Gewinne und Verluste der Handwerksunternehmen, z.B. innerhalb einer Handwerkskammer, ist gesetzlich ausgeschlossen.

Die unbeschränkte Querverrechnung von Verlusten zwischen verbundenen Unternehmen ('Organschaft') begünstigt Konzerne gegenüber mittelständischen Unternehmen, führt zu einer massiven Senkung der Bemessungsgrundlage und deshalb tendenziell zu höheren nominalen Steuersätzen.

Eine gewerbesteuerliche Organschaft widerspricht außerdem grundsätzlich dem Prinzip der Gewerbesteuer als Kommunalsteuer. Dadurch wird nämlich die Finanzierungsfunktion der vor Ort tätigen Betriebsstätten für die kommunale Infrastruktur ausgehöhlt: Die Sitzgemeinde jedes einzelnen Betriebes muss ja die für den Betrieb erforderlichen Infrastrukturleistungen aufbringen, nicht die Sitzgemeinde der Konzernzentrale, zu der der Betrieb möglicherweise gehört.

Zur Vermeidung dieser durch nichts gerechtfertigten Möglichkeiten zu Steuergestaltungen sollte eine Unternehmensbesteuerung grundsätzlich an jeder Betriebsstätte und auf das dort erwirtschaftete Kapitalentgelt erfolgen. Dies sollte jedenfalls für alle Betriebsstätten gelten, die eine eigenständige Buchführung (z.B. im Rahmen eines profit centers) durchführen; der Bäcker, der auch im Nachbardorf noch einen Verkaufsladen unterhält, sollte davon nicht betroffen sein [Jarass/Obermair 2006, Kap. 6.2].

Überdies ist die derzeitige Form der steuerlichen Organschaft offensichtlich EU-widrig, da steuerliche Organschaften nur mit in Deutschland ansässigen Gesellschaften vereinbart werden können; dies stellt eine Diskriminierung anderer EU-Gesellschaften dar. Deshalb will die Bundesregierung in 2012 statt der derzeit nur innerhalb Deutschlands möglichen steuerlichen Organschaft eine EU-weite Gruppenbesteuerung einführen, die zudem gegenüber der Organschaft deutlich geringere Voraussetzungen bezüglich der Eingliederung der Organgesellschaften in den Organträger aufweist und grundsätzlich für alle EU-Gesellschaften zulässig sein soll. Damit würden vom deutschen Gesetzgeber weitere erhebliche legale Steuervermeidungsmöglichkeiten geschaffen.

Erforderliche Maßnahmen:
Verlustverrechnung zwischen verbundenen Konzerngesellschaften (´steuerliche Organschaft´) aufheben, und zwar sowohl bei der Körperschaftsteuer wie bei der Gewerbesteuer.

Auch nach Einführung einer einheitlichen EU-weiten Bemessungsgrundlage [EU 2011a] sollte eine EU-weite Verrechnung von Gewinnen und Verlusten zwischen gesellschaftsrechtlich unabhängigen Gesellschaften nicht zulässig sein, auch wenn sie innerhalb eines Konzerns organisiert sind: keine Einführung einer so genannten Gruppenbesteuerung.

(2) Verlustverrechnung aus früheren Jahren beschränken

Durch weitere Verringerungen von Steuervergünstigungen könnte sichergestellt werden, dass der aktuelle ´zu versteuernde Gewinn´ nicht mehr – wie derzeit – auf Werte weit unterhalb des tatsächlichen ökonomischen Gewinns gesenkt werden kann.

Die Verlustvorträge stiegen bei der Körperschaftsteuer von 285 Mrd. € in 1998 über die bereits genannten 473 Mrd. € in 2004 auf 576 Mrd. € in 2006, mehr als fünfmal so viel wie der Gesamtbetrag der Einkünfte aller körperschaftsteuerpflichtigen Unternehmen von rund 104 Mrd. € [Körperschaftsteuerstatistik 2006, S. 23, Tab. 3.1]. Der Gesamtbetrag der Einkünfte wurde schon in 2006 durch Verlustvorträge und Verlustrückträge um rund 27 Mrd. € vermindert, so dass nur ein zu versteuerndes Einkommen von rund 77 Mrd. € übrig blieb [Körperschaftsteuerstatistik 2006, S. 24, Tab. 3.2].

Ende 2004 betrugen die Verlustvorträge bei der Einkommensteuer rund 71 Mrd. €, bei der Gewerbesteuer 569 Mrd. € und bei der Körperschaftsteuer 473 Mrd. € [BMF 2010, S.35]: "Auf 22.342 Körperschaftsteuerpflichtige (entspricht 2,7% aller Körperschaftsteuerpflichtigen) mit den höchsten Verlustvorträgen entfallen 455,5 Mrd. EUR bzw. 90,0% aller Verlustvorträge von Körperschaftsteuerpflichtigen." Die derzeit in Deutschland bestehende Möglichkeit, Verluste zeitlich unbeschränkt vorzutragen, begünstigt also einen kleinen Anteil von meist besonders stark steueroptimierten Unternehmen.

Übrigens: Allein die DAX30-Unternehmen hatten in 2002 rund 100 Mrd. € Verlustvorträge [Jarass/Obermair 2005, S. 107, Tab. 5.3].

Seit 2004 können nur noch Verlustvorträge bis zu 1 Mio. € voll mit laufenden Gewinnen verrechnet werden, weitere Verlustvorträge können das zu versteuernde Einkommen nur zu maximal 60% verringern [§ 19d Abs. 2 EStG].

Weiterhin können Verluste aber zeitlich unbeschränkt, also ewig vorgetragen werden, und zwar sowohl bei der Gewerbesteuer wie bei der Einkommensteuer. Es ist zwingend erforderlich, dass die Verlustvorträge auch zeitlich begrenzt werden, so wie es in vielen EU-Staaten üblich ist. Z.B. könnten Verluste nach einigen Jahren jedes Jahr abgeschmolzen werden. Dies würde auch die komplizierten Regelungen zum Verlustuntergang bei Eigentumswechsel, die zur Verringerung von Steuerumgehungen durch Kauf von Firmen mit hohen Verlustvorträgen ('Mantelkauf') erforderlich sind, weniger bedeutsam machen.

Erforderliche Maßnahme:
Verrechnung von Verlusten aus früheren Jahren stärker beschränken.

2.2.4 Dauerhaft unbesteuerte Vermögenserträge verringern

Sowohl die Betriebsvermögen der Unternehmen wie die Vermögen der privaten Haushalte (vgl. Tab. 3.1), insbesondere deren Immobilienvermögen, haben in den letzten Jahrzehnten nahezu jedes Jahr Wertsteigerungen erfahren.

Wertzuwächse von Privatvermögen werden nur bei Realisierung, also bei Verkauf, mit Abgeltungssteuer von 25% belastet, wobei Wertsteigerungen bei Immobilien bei Realisierung mindestens 10 Jahre nach Erwerb ganz steuerfrei bleiben.

(1) Problemlage: Dauerhaft unbesteuerte Kapitalerträge von Unternehmen (′stille Reserven′)

Beispiel: Ein Unternehmen hat vor vielen Jahren ein Grundstück für 1 €/m^2 gekauft, dessen Wert mittlerweile auf 100 €/m^2 gestiegen ist. Der Gewinn von 99 €/m^2 bleibt dauerhaft unbesteuert, auch wenn das Grundstück nicht für die Produktion erforderlich ist und deshalb jederzeit verkauft werden könnte. Erst bei einem Verkauf des Grundstücks müsste der Wertzuwachs als Gewinn versteuert werden. Dies führt nicht nur zu dauerhaft niedrigeren Steuereinnahmen, sondern auch zu einer steuergetriebenen Verknappung von Bauland, also zu einer Investitionsbremsung durch eine verfehlte Steuerpolitik.

Es bleiben also Wertsteigerungen von Betriebsvermögen in Deutschland seit Jahrzehnten überwiegend dauerhaft unbesteuert, obwohl sie nach den Grundsätzen des geltenden Rechts zwingend zu besteuerndes Einkommen darstellen [Jarass/Obermair 2006, S. 62ff.]: "Gewinn ist der Unterschiedsbetrag zwischen dem Betriebsvermögen am Schluss des Wirtschaftsjahres und dem Betriebsvermögen am Schluss des vorangegangenen Wirtschaftsjahres ..." [§ 4 Abs. 1 S. 1 EStG]. Der Ausschluss von bestimmten Vermögensmehrungen vom steuerpflichtigen Einkommen führte dazu, dass das zu versteuernde Gesamteinkommen des Steuerpflichtigen immer weniger seinem ökonomischen Einkommen entspricht [Rädler 2006].

Die Nichtbesteuerung von unrealisierten Wertsteigerungen wurde dabei vor allem mit zwei Argumenten begründet, die jedenfalls heute nicht mehr zutreffen:

- Es gebe erhebliche Bewertungsprobleme bei der Erfassung von Wertsteigerungen. Tatsächlich sind aber die Buchwerte, also die Anschaffungskosten minus Abschreibungen, in der Rechnungslegung des Unternehmens enthalten. Die Verkehrswerte sind häufig dem Unternehmen bekannt und in den Erläuterungen der betreffenden Bilanzpositionen dokumentiert, jedenfalls aber – von nicht börsennotierten Beteiligungen abgesehen – mit überschaubarem Aufwand erhebbar.

- Es wird argumentiert, dass zur Vermeidung von Liquiditätsproblemen Wertsteigerungen nur besteuert werden dürften, soweit sie durch Verkauf realisiert wurden, und entsprechende Erträge zugeflossen sind (´Realisationsprinzip´). Hingegen können alle als dauerhaft angesehenen Wertminderungen, auch wenn sie nicht durch Verkauf realisiert wurden (´Vorsichtsprinzip´), steuerlich geltend gemacht werden (´Imparitätsprinzip´).

Deshalb wird bisher auf die Besteuerung von unrealisierten Wertsteigerungen sowohl für betriebsnotwendiges wie für nicht betriebsnotwendiges Betriebsvermögen gänzlich verzichtet. Für den Fall der Realisierung der Wertsteigerung (als Aufdeckung von ´stillen Reserven´ im Steuerdeutsch bezeichnet) enthält das deutsche Steuerrecht komplizierte Überleitungs- und Stundungsregeln (z.B. bei Sitzverlagerung ins Ausland).

(2) Schrittweise Annäherung der Buchwerte an die Verkehrswerte erforderlich

Derzeit bleiben also Wertsteigerungen vielfach dauerhaft unbesteuert. Die dadurch gebildeten unbesteuerten Vermögenswerte (´stille Reserven´) sind eine vom Gesetzgeber geförderte Möglichkeit zur legalen Steuervermeidung und der Hauptgrund für die Komplexität der deutschen Unternehmensbesteuerung. Eine massive Steuervereinfachung könnte durch eine schrittweise Besteuerung von akkumulierten Wertsteigerungen und damit die schrittweise Verringerung der ´stillen Reserven´ erreicht werden. Dabei ist zwischen betriebsnotwendigem und nicht betriebsnotwendigem Vermögen zu unterscheiden.

Die Besteuerung der Wertsteigerung von betriebsnotwendigem Vermögen, etwa für die Produktion genutzte Immobilien und aufstehende Werkshallen, könnte tatsächlich die Liquidität des Unternehmens gefährden, wenn die gesamte buchmäßige Wertsteigerung als ´Zuwachs des Betriebsvermögens´ [§ 4 Abs. 1 EStG] der Besteuerung unterworfen würde. Hingegen könnte die Besteuerung der Wertsteigerung von **nicht** betriebsnotwendigem Vermögen, etwa **nicht** für die Produktionsprozesse erforderlicher Immobilien, sofort und in wenigen Jahresschritten erfolgen, da derartiges Vermögen verkauft oder beliehen werden kann.

Die akkumulierte Wertsteigerung des Betriebsvermögens ergibt sich als Differenz der Verkehrswerte und der Buchwerte. Eine Wertaufholung in kleinen Schritten, z.B. über 10 Jahre à 10% der aufgelaufenen Wertsteigerung, vermeidet jedenfalls eine Gefährdung der wirtschaftlichen Stabilität der Unternehmen, da dann bei einem Steuersatz von z.B. 30% jährlich nur 3% der Wertsteigerung als Steuern bezahlt werden müssen. Diese Wertaufholung führt zu einer drastischen Vereinfachung des deutschen Unternehmensteuerrechts, weil eine Vielzahl von speziellen Regelungen, etwa zum Problem der Sitzverlagerung innerhalb der EU, entfallen können.

Eine Modifizierung der derzeitigen gänzlichen Steuerfreistellung der Wertsteigerung von Beteiligungen an Kapitalgesellschaften [§ 8b KStG], z.B. ein mäßiger Steuersatz von 15% ohne Verrechnungsmöglichkeit von Verlusten mit den Erträgen aus laufender Geschäftstätigkeit, würde ein weiteres Mehraufkommen erbringen.

Nicht nur der Fiskus würde erheblich profitieren, sondern es ergäbe sich auch ein Vorteil für die Gesamtheit der Wirtschaft, da bisher volkswirtschaftlich ungenutzte Ressourcen in den Wirtschaftskreislauf einbezogen würden.

Erforderliche Maßnahme:
Dauerhaft unbesteuerte Vermögenserträge verringern durch schrittweise Annäherung der Buchwerte an die Verkehrswerte.

2.2.5 Ausbau der Gewerbesteuer zur Kommunalen Betriebssteuer

Eine stärkere Besteuerung aller im Betrieb erwirtschafteten ´Kapitalentgelte´ (vgl. Kap. 2.2.1(2)), nicht nur der ´Gewinne´, wird in Deutschland bereits seit 2008 bei der Gewerbesteuer umgesetzt, allerdings noch in einem sehr geringen Maß. Durch einen Ausbau der Gewerbesteuer zu einer 'Kommunalen Betriebssteuer' könnte ein weiterer Schritt zu einer gleichmäßigeren Besteuerung der Kapitalentgelte erfolgreich umgesetzt werden [ver.di 2008, S. 30].

(1) Gewerbesteuer wurde bis 2008 schrittweise kastriert

Die in der Bundesrepublik Deutschland bis 1980 praktizierte Form der Gewerbesteuer enthielt alle wesentlichen Elemente der oben in Kap. 2.2.1 vorgestellten Kapitalentgeltsteuer: Bemessungsgrundlage waren bis dahin die erwirtschafteten Kapitalentgelte, nämlich der Gewinn sowie die gesamten Dauerschuldzinsen, die früher den ganz überwiegenden Teil des Fremdkapitalentgelts darstellten. Zudem wurde das Gewerbekapital besteuert.

Die Gewerbesteuer wurde seitdem schrittweise so ausgedünnt und beschnitten, dass sie zwischendurch fast nur noch als eine bescheidene Extra-Gewinnsteuer für Großunternehmen wirkte. So wurde die Lohnsummensteuer abgeschafft (1980) und die Hinzurechnung der Fremdkapitalzinsen auf 50% beschränkt (1983). Einzelunternehmer und Personengesellschaften bekamen höhere Freibeträge (1978, 1980 und 1993) und eine Tarifprogression bei der Steuermesszahl (1991). Die Gewerbekapitalsteuer wurde 1998 abgeschafft. Schließlich können Personenunternehmen seit 2001 grundsätzlich die Gewerbesteuerschuld mit ihrer Einkommensteuerschuld verrechnen [Gewerbesteuer 2006].

(2) Gewerbesteuer als eine bewährte Form der Kapitalentgeltbesteuerung an der Betriebsstätte erweitern

2008 wurde die Gewerbesteuer revitalisiert: Seitdem werden generell ein Viertel der bezahlten Schuldzinsen und Lizenzgebühren der Gewerbesteuer unterworfen [§ 8 Nr. 1 GewStG]: Immerhin ein erster Schritt in Richtung Besteuerung der gesamten Kapitalentgelte, also der Gewinne plus geleistete Schuldzinsen und Lizenzgebühren statt nur der Gewinne.

In Zukunft sollte ein deutlich größerer Teil der geleisteten Schuldzinsen und Lizenzgebühren der Gewerbesteuer unterworfen werden [ver.di 2008, S. 30].

Als kommunale Steuer dient die Gewerbesteuer zur Finanzierung der Infrastrukturaufwendungen, die bei der tatsächlichen Sitzgemeinde jedes einzelnen Betriebes anfallen. Die Gewerbesteuer muss deshalb dort erhoben werden, wo der Betrieb seine Kapitalentgelte tatsächlich erwirtschaftet.

Eine stärker gewinnunabhängige Besteuerung mag ein Problem sein bei kleineren Unternehmen. Deshalb gibt es im geltenden Gewerbesteuerrecht auch einen Freibetrag von 100.000 € pro Betrieb. Andererseits kann man nicht oft genug betonen, dass das kein zentrales Kriterium für Kommunalsteuern sein sollte. Auch andere Steuern und parafiskalische Abgaben werden ohne Rücksicht auf die wirtschaftliche Lage des Betriebs erhoben, z.B. die Umsatzsteuer und die Verbrauchsteuern, Sonderabgaben und Beiträge, ganz zu schweigen von den Gebühren.

Erforderliche Maßnahmen:

- **Deutlich höheren Anteil der geleisteten Schuldzinsen und Lizenzgebühren der Gewerbesteuer unterwerfen.**
- **Keine Verlustverrechnung zwischen einzelnen Betriebsstätten, d.h. Aufhebung der ´gewerbesteuerlichen Organschaft´.**

(3) Ausbau der Gewerbesteuer zur Kommunalen Betriebssteuer ist EU-konform

Ein aktuelles EuGH-Urteil zur deutschen Gewerbesteuer stützt die europarechtliche Zulässigkeit einer Besteuerung aller in einem Betrieb erwirtschafteten Kapitalentgelte durch Hinzurechnung aller erwirtschafteten Schuldzinsen und Lizenzgebühren zum erwirtschafteten Gewinn [EuGH Gewerbesteuer 2011]: Geltendes EU-Recht steht einer Bestimmung des nationalen Steuerrechts nicht entgegen, "wonach die Darlehenszinsen, die ein Unternehmen mit Sitz in einem Mitgliedstaat an ein in einem anderen Mitgliedstaat gelegenes verbundenes Unternehmen zahlt, der Bemessungsgrundlage für die Gewerbesteuer hinzugerechnet werden".

2.2.6 Verringerung von Steuerhinterziehung und Steuerbetrug

Vom Gesetzgeber zugelassene, also grundsätzlich legale Steuervermeidung und Steuerflucht sind zu unterscheiden von illegaler Steuerhinterziehung und Steuerbetrug:

- Steuerhinterziehung ist eine bewusste Nicht-Erklärung von Einkommen,
- Steuerbetrug erfordert darüber hinausgehende aktive Maßnahmen zur Verschleierung des tatsächlichen Einkommens.

Ein aktuelles Beispiel sind die von schweizer, aber auch von deutschen Banken in Lichtenstein, Irland, Luxemburg etc. gegründeten Versicherungstochtergesellschaften, die über Versicherungsmäntel den wahren Eigentümer ('final beneficiary') des Vermögens verschleiern; Alternativen zur Verschleierung sind Zwischengesellschaften etc.. Hiergegen muss mit geeigneten Organisationsformen der Finanzverwaltung und einer verbesserten Personalausstattung der Finanzbehörden vorgegangen werden [ver.di 2008, S. 33]. Dies würde auch den Umfang der mehr oder weniger freiwilligen Rückkehr von Steuerhinterziehern und Steuerbetrügern in die Legalität deutlich erhöhen, da entsprechende Selbstanzeigen wesentlich aus einem hohen Ermittlungsdruck resultieren.

(1) Abgeltungssteuer erleichtert die Steuerhinterziehung

Seit 2009 müssen private Kapitaleinkünfte vom Steuerpflichtigen nicht mehr in der Steuererklärung angegeben werden, vielmehr wird die Abgeltungssteuer von 25% ohne Namensnennung des Steuerpflichtigen von der zuständigen deutschen Bank an den Fiskus abgeführt [§ 32d EStG].

Ergebnis: Die Wohlhabenden bezahlen nicht nur deutlich weniger Steuern auf ihre Kapitalerträge [ver.di 2008, S. 16; Jarass/Obermair 2002, Kap. 4.4], sondern der Fiskus hat damit auch keinerlei Informationen mehr über Kapitalvermögen und Kapitalerträge der Steuerpflichtigen. Steuerhinterzieher können nun nur noch mittels zufälliger Steueranzeigen, z.B. von verlassenen Ehefrauen oder durch CDs mit steuerrelevanten Bankdaten, ermittelt werden.

Erforderliche Maßnahmen:

- **Angabe aller Einkünfte aus Kapitalvermögen in der Einkommensteuererklärung.**
- **Versteuerung dieser Einkünfte nicht mehr pauschal mit 25%, sondern nach dem persönlichen Einkommensteuersatz.**

(2) Strafausschöpfung ist zu gering

Der Gesetzgeber sollte bei Steuerbetrug, also der aktiven Hinterziehung mittels steuerlicher Konstruktionen, von z.B. über 1 Mio. € oder bei Wiederholungstätern zwingend eine Gefängnisstrafe vorsehen, ohne die Möglichkeit einer Vereinbarung zwischen Gericht und Angeklagten, dass der Steuerbetrüger gesteht und im Gegenzug nicht ins Gefängnis muss. Nur bei Selbstanzeigen sollte eine Strafminderung möglich sein, keinesfalls aber – wie derzeit – eine völlige Straffreistellung.

Eine entsprechende gesetzliche Vorgabe ist erforderlich, da die lokalen Finanzbehörden primär an hohen Zahlungen interessiert sind und durch eine Vereinbarung gesichert viel Geld vom Angeklagten in die Kasse bekommen, ohne weitere Arbeit und ohne das Risiko einer langen gerichtlichen Beweisaufnahme. Derartige Vereinbarungen verringern das allgemeine Steueraufkommen zweifach:

- Zum einen wird die allgemeine Steuermoral beschädigt, wenn ein Steuerbetrüger, wie z.B. der frühere Postvorstand Zumwinkel, nicht eingesperrt wird, sondern weiterhin in seinem Schlösschen am Gardasee residieren kann.

- Zudem würde durch einen tatsächlichen Gefängnisaufenthalt eines prominenten Steuerbetrügers wohl eine nennenswerte Zahl von zusätzlichen Selbstanzeigen bewirkt werden [Jarass 2010b].

Erforderliche Maßnahme:
Steuerbetrug über 1 Mio. € zwingend mit einer Gefängnisstrafe ohne Bewährung ahnden.

Aber was macht die Bundesregierung? "100 bis 300 Mrd. € Schwarzgeld aus Deutschland werden auf schweizer Konten vermutet. Jedes Jahr entgehen dem Staat dadurch Mrd. € Steuern auf die Kapitalerträge. Durch das geplante Steuerabkommen mit der Schweiz bleiben Steuerhinterzieher und Steuerbetrüger straffrei und können weiterhin anonym ihre Geschäfte mit schweizer Banken betreiben. Kripo-Beamte sprechen von 'staatlich organisierter Geldwäsche'." [ver.di 2011].

3 Vermögenbezogene Besteuerung

In Deutschland gibt es derzeit vier vermögenbezogene Steuerarten:

- Vermögensteuer [VStG, Erhebung seit 1997 ausgesetzt],
- Grundsteuer [GrStG],
- Grunderwerbsteuer [GrEStG],
- Erbschaftsteuer [ErbStG].

Die **Vermögensteuer** wird seit Anfang 1997 nicht mehr erhoben, da der Gesetzgeber die Vorgaben des Bundesverfassungsgerichts vom 22. Juni 1995 zur Vermögensbesteuerung weder damals noch bis heute berücksichtigt hat. Ganz im Gegensatz zu einer seit Urteilsveröffentlichung vor 15 Jahren weit und gern verbreiteten Meinung hat das Bundesverfassungsgericht damals ausdrücklich eine Besteuerung des Soll-Ertrags von Vermögen aller Art als verfassungskonform anerkannt. Als verfassungswidrig und mit Art. 3 Abs. 1 des Grundgesetzes unvereinbar hat es nur die Verletzung des Gleichheitsgrundsatzes durch die damals geltenden Bewertungen erklärt, etwa von Geldvermögen zum Verkehrswert und von Immobilienvermögen zu einem weit überholten, meist viel zu niedrigen Einheitswert.

Einer (Wieder-)Inkraftsetzung der Vermögensteuer stehen also keinerlei verfassungrechtliche Bedenken entgegen, soweit entsprechend der Forderung des Bundesverfassungsgerichts alle Vermögensarten gleichmäßig bewertet werden (Kap. 3.2.1).

Die **Erbschaft- und Schenkungsteuer** wurde mit dem Reformgesetz vom 24.12.2008 von der damaligen schwarz/roten Koalition grundlegend 'gegenreformiert', indem alle betrieblichen Vermögen weitgehend von der Erbschaft- und Schenkungsteuer freigestellt wurden (Kap. 3.1.4): ein schönes Weihnachtsgeschenk für die wirklich Vermögenden.

Die KfZ-Steuer könnte nach dem Steuergegenstand und dem Steuerschuldner, nämlich dem Eigentümer des KfZ, ebenfalls als vermögenbezogen klassifiziert werden, doch nach der Ausgestaltung der Bemessungsgrundlage – Hubraum, Gewicht, CO_2-Ausstoß, Alter – ist sie im Wesentlichen eine Umweltsteuer.

In vielen Staaten wird seit Jahren eine allgemeine **Finanztransaktionssteuer** diskutiert, die zu einer Einschränkung der globalen Spekulation mit Devisen und Krediten, Rohstoffen und Grundnahrungsmittel führen könnte (vgl. Kap. 3.2.5).

3.1 Bestandsaufnahme der vermögenbezogenen Besteuerung

Tab. 3.1 zeigt das Vermögen der privaten Haushalte in Deutschland für 2007 (ohne Gebrauchsvermögen). Vom Bruttovermögen von gut 10.000 Mrd. € müssen die Verbindlichkeiten von gut 1.500 Mrd. € abgezogen werden, um zum Nettovermögen von rund 8.500 Mrd. € zu kommen. Das sind durchschnittlich gut 100.000 € pro Kopf der deutschen Bevölkerung, bei allerdings extrem ungleicher Verteilung, wie anschließend gezeigt wird.

Zum Vergleich [Schulden 2011]: In 2010 betrugen die Schulden der öffentlichen Haushalte 2.000 Mrd. € (davon Bund 1.284 Mrd. €, Länder 595 Mrd. €, Gemeinden 119 Mrd. €). Das ergibt mit 25.000 € Staatsschulden pro Kopf der Bevölkerung rund ein Viertel des durchschnittlichen Privatvermögens. Die resultierenden Zinsaufwendungen des Staates betrugen in 2010 rund 61 Mrd. € oder rund 750 € pro Kopf und Jahr [VGR 2010, Tab. 3.4.3.2, Z. 40].

Ergebnis: Die Wohlhabenden leihen dem Staat Geld und bekommen dafür Zinsen, die Steuerzahler, also v.a. die normalen Arbeitnehmerinnen und Arbeitnehmer (vgl. Abb. 1.1b in Kap. 1.2.1), müssen durch ihre Steuern die Zinsen bezahlen.

Andere Vermögensangaben kommen auf etwas niedrigere Werte und einen deutlich höheren Immobilienanteil [Schratzenstaller 2011]. Sie beziehen sich auf das Sozio-oekonomische Panel des DIW, das auf Befragungen beruht, aber nach Angaben des DIW die wirklich Reichen nicht angemessen berücksichtigt [Bach/Beznoska/Steiner 2010]: Das Sozio-oekonomische Panel kann als repräsentative Befragung das extreme Ende der Vermögensverteilung (d. h. die ′wirklich Reichen′) gar nicht erfassen, weil die Zahl der wirklich Reichen zu gering ist, um in einer repräsentativen Befragung erfasst zu werden. Angesichts der ungleichen Verteilung fallen extrem große Vermögen jedoch besonders ins Gewicht; im Grunde ist deshalb eine wirklich ′repräsentative′ Erhebung gar nicht möglich.

Tab. 3.1 : Vermögen der privaten Haushalte in Deutschland 1995-2009

	[Mrd. €]	1995	2000	2005	2007	2008	2009
(A)	**Vermögen brutto**	**6.206**	**7.748**	**9.172**	**10.144**	k.A.	
(1)	Immobilien	3.502	4.093	4.847	5.460		
(2)	Sonstiges Anlagevermögen	140	139	120	124		
(3)	Geldvermögen: Bargeld, Termingeld, Aktien, Rentenpapiere, Fonds etc.	2.564	3.516	4.205	4.560	4.433	4.672
(B)	**Verbindlichkeiten**	**1.155**	**1.514**	**1.568**	**1.546**	**1.531**	**1.532**
(C)	**Vermögen netto**	**5.052**	**6.234**	**7.600**	**8.598**	k.A.	

Quelle: [BMF 2010, Kap. 6].

Zur Vermögensverteilung gibt es keine offiziellen Zahlen. Ein viel beachteter Vermögensreport zeigt [Vermögensreport 2011]:

- Die Zahl der Euro-Millionäre in Deutschland hat 2010 mit 829.900 einen neuen Rekord erreicht, bei einem Gesamtvermögen von rund 2.200 Mrd. € (ohne eigengenutzte Immobilien), Vermögenssteigerung etwa 8% pro Jahr.
- Die zehn reichsten Deutschen besaßen zusammen über 100 Mrd. € (ohne eigengenutzte Immobilien), Vermögenssteiergrung rund 10% pro Jahr.

Schätzungen auf der Basis des Sozio-oekonomischen Panels kommen für 2007 zu folgenden Ergebnissen [Bach/Beznoska/Steiner 2010, S. 37, Tab. 3-2; Frick/Grabka 2009, Tab. 2]:

- Das reichste Zehntel der Bevölkerung besitzt rund sechs Zehntel des Vermögens.
- Die folgenden zwei Zehntel der Bevölkerung besitzen drei Zehntel des Vermögens (häufig eigengenutzte Immobilien).
- Die folgenden zwei Zehntel der Bevölkerung besitzen ein Zehntel des Vermögens (häufig eigengenutzte Immobilien).
- Die verbleibende Hälfte der Bevölkerung hat keinerlei Vermögen oder sogar netto Schulden.

Dabei bleiben Altersversorgungsansprüche aus umlagefinanzierten gesetzlichen Rentenversicherungen in Höhe von gut 4.000 Mrd. € [Braakmann/Grütz/Haug 2007, Tab. 1, S. 1174] unberücksichtigt, da diesen Ansprüchen Verpflichtungen der Beitragszahler in gleicher Höhe gegenüberstehen und deshalb gesamtwirtschaftlich netto kein Vermögenswert vorliegt [Weizsäcker 2011]. Werden alternativ alle Altersversorgungsansprüche ohne Gegenrechnung der Beitragsverpflichtungen dem Privatvermögen zugerechnet, wird die extrem ungleiche Vermögensverteilung etwas vergleichmäßigt [Frick/Grabka 2010, Abb. 2].

3.1.1 Vermögensteuer

(seit 1997 wegen Untätigkeit des Gesetzgebers ausgesetzt)

Das Bundesverfassungsgericht hat in seiner Entscheidung vom 22.06.1995 nicht etwa – wie von der damaligen Bundesregierung und seither immer wieder behauptet – die Erhebung einer Steuer auf das Vermögen von Natürlichen Personen und Körperschaften mit Sitz in Deutschland für unvereinbar mit der Verfassung erklärt [BVerfG Vermögensteuer 1995]. Nur die extrem ungleiche Bewertung verschiedener Vermögensformen, nämlich von einheitsbewerteten Immobilien einerseits und von zu Verkehrswerten bewerteten Bankguthaben, Aktien, Unternehmensanteilen etc. andererseits, verstoße gegen den Gleichheitsgrundsatz [Art 3 Abs. 1 GG]. Das Bundesverfassungsgericht stellte dabei ausdrücklich fest: Eine Vermögensteuer ist zulässig, nicht nur tatsächlich zugeflossene, sondern auch üblicherweise erziel**bare** Erträge können besteuert werden.

Statt entsprechend diesen klaren Richtlinien des Bundesverfassungsgerichts das Vermögensteuergesetz zu reformieren, indem z.B. generell die Verkehrswerte der Besteuerung zu Grunde gelegt werden, ließ die damalige Bundesregierung die vom Bundesverfassungsgericht gesetzte Frist untätig verstreichen, so dass die Vermögensteuer ohne formale Aufhebung ab 1997 ausgesetzt werden musste. Der Gesetzgeber in seither fünf verschiedenen Regierungskoalitionen von Kohl über Schröder bis Merkel ist weiterhin untätig geblieben. Damit ist die Nicht-Erhebung dieser gesetzlich weiter bestehenden Vermögensteuer von einem Provisorium zu einem skandalösen Dauerzustand geworden. Hier besteht dringender Reformbedarf (vgl. Kap. 3.2.1).

Die Vermögensteuer besteuerte als Sollertragsteuer üblicherweise erzielbare Erträge, auch wenn sie dem Vermögensbesitzer nicht zugeflossen sind oder überhaupt nicht erzielt wurden. Der Vermögensteuer unterlagen bei unbeschränkt Steuerpflichtigen das Gesamtvermögen [§§ 114 bis 120 BewG] und bei beschränkt Steuerpflichtigen das Inlandsvermögen [§ 121 BewG; § 4 VStG].

Die Steuersätze betrugen 1% für Natürliche Personen, nur 0,5% für deren Betriebsvermögen und 0,6% für Juristische Personen (z.B. AG, GmbH) [§ 10 VStG].

Im letzten Erhebungsjahr 1995 betrug das Aufkommen aus der Vermögensteuer 4,0 Mrd. € [BMF 2011c, Tab. 11] bei einem geschätzten Nettovermögen (ohne Gebrauchsvermögen) der privaten Haushalte von rund 5.000 Mrd. € (Tab. 3.1). Der sehr niedrige tatsächlich bezahlte Steuersatz von durchschnittlich nur knapp 0,1% resultierte wesentlich aus der sehr niedrigen und marktfernen Bewertung der Vermögen und einer Vielzahl von Freibeträgen und gänzlichen Freistellungen.

3.1.2 Grundsteuer

Die Grundsteuer, eine kommunale Besteuerung von Immobilienvermögen, wird wie folgt bestimmt:

Grundsteuer = Einheitswert * Steuermesszahl * Hebesatz.

Für alle Immobilien müssen Einheitswerte festgestellt werden [§ 19 BewG]. Eine Einheitsbewertung soll alle Immobilien gleichmäßig bewerten. Die Einheitswerte müssten laut eindeutiger gesetzlicher Vorgabe eigentlich regelmäßig aktualisiert werden: "Die Einheitswerte werden in Zeitabständen von je 6 Jahren allgemein festgestellt (Hauptfeststellung)." [§ 21 Abs. 1 BewG]. Ändert sich der Einheitswert zwischendurch um mehr als ein Zehntel, so muss der Einheitswert fortgeschrieben werden [§ 22 Abs. 1 BewG]. 1965 wurde in einer kleinen Gesetzesänderung festgelegt: "Der Zeitpunkt der auf die Hauptfeststellung 1964 folgenden nächsten Hauptfeststellung der Einheitswerte des Grundbesitzes wird abweichend von § 21 Abs. 1 Nr. 1 des Bewertungsgesetzes durch besonderes Gesetz bestimmt." [Art. 2 Abs. 1 S. 3 BewGÄndG 1965]. Ein derartiges "besonderes Gesetz" wurde allerdings nie erlassen. Im klaren Widerspruch zur grundsätzlich geltenden Rechtslage hat der Gesetzgeber (ähnlich wie bei der Vermögensteuer) geltendes Recht außer Kraft gesetzt und eine Aktualisierung der Einheitswerte seit 1964 verhindert.

Die letzte Hauptfeststellung fand zum 01.01.1964 statt und wurde erstmals mit Wirkung ab 01.01.1974 und bis heute unverändert in Höhe von 140% der damals festgestellten Einheitswerte angewendet [§ 121a BewG]. In Ostdeutschland werden seit 1990 die Einheitswerte vom 01.01.1935 mit gewissen Zuschlägen verwendet [§ 133 BewG]. Die Grundsteuer wird also – wie auch die Vermögensteuer – auf gänzlich veraltete Einheitswerte statt auf Verkehrswerte bezogen.

Die Steuermesszahl beträgt grundsätzlich 0,35% [§15 GrStG], für Ein- und Zweifamilienhäuser rund 0,31%, für Betriebe der Land- und Forstwirtschaft 0,6%.

Der Hebesatz wird von der jeweiligen Gemeinde festgelegt, durchschnittlicher Hebesatz 401% in 2009 [Hebesätze 2009], Berlin liegt mit 810% an der Spitze. Für Betriebe der Land- und Forstwirtschaft gibt es einen separaten Hebesatz ('Grundsteuer A') mit durchschnittlich 297%.

Die Grundsteuer hatte in 2010 ein Aufkommen von gut 11 Mrd. € und steigt seit Jahren stark an (vgl. Abb. 3.1a), u.a. wegen zusätzlicher Bebauung und Erhöhungen der Hebesätze.

3.1.3 Grunderwerbsteuer

Der Eigentumsübergang von Immobilien unterliegt in Deutschland der Grunderwerbsteuer, die vom Käufer auf den Kaufpreis zu entrichten ist [§ 1 GrEStG]. Die Grunderwerbsteuer besteuert also den tatsächlichen Marktwert im Gegensatz zur Vermögen- und der Grundsteuer, bei denen als Bemessungsgrundlage völlig veraltete Einheitswerte verwendet werden.

Grundstücksverkäufe sind hinsichtlich der Umsatzsteuer (Mehrwertsteuer) steuerfrei, soweit die Umsätze unter das Grunderwerbsteuergesetz fallen [§ 4 Nr. 9a UStG]. Grunderwerbsteuer muss bezahlt werden ohne Berücksichtigung bereits früher bezahlter Steuern.

Steuerbasis = Verkaufspreis * Steuersatz.

Bis 1983 betrug der Steuersatz bundeseinheitlich 7% mit vielen Ausnahmen, seit 1983 nur noch 2% unter Streichung fast aller Ausnahmen. Ab 01.01.2007 wurde der Steuersatz grundsätzlich auf 3,5% erhöht, wobei seit 01.09.2006 die Bundesländer den Steuersatz selbst festlegen dürfen [Art. 105 Abs. 2a GG]. Die Steuersätze betragen nun zwischen 3,5% und 5% [Jarass 2011].

Das jährliche Gesamtaufkommen der Grunderwerbsteuer betrug von 2000 bis 2005 knapp 5 Mrd. €, stieg dann in 2007 mit der Steuersatzerhöhung von 2% auf 3,5% von rund 5 Mrd. € auf rund 7 Mrd. € und fiel in den Jahren 2009 und 2010 wieder auf knapp 5 Mrd. € (vgl. Abb. 3.1a). Von Januar bis Mai 2011 stieg das Aufkommen um rund 25%.

3.1.4 Erbschaftsteuer

"Als steuerpflichtiger Erwerb gilt die Bereicherung des Erwerbers", nämlich eines Empfängers eines Erbes oder einer Schenkung, "soweit sie nicht steuerfrei ist" [§ 10 ErbStG].

Die Erbschaftsteuer wurde Ende 2006 vom Bundesverfassungsgericht wegen der damals ungleichmäßigen Bewertung als mit dem Grundgesetz unvereinbar erklärt. "Denn sie knüpft an Werte an, deren Ermittlung bei wesentlichen Gruppen von Vermögensgegenständen (Betriebsvermögen, Grundvermögen, Anteilen an Kapitalgesellschaften und land- und forstwirtschaftlichen Betrieben) den Anforderungen des Gleichheitsgrundsatzes nicht genügt" [BVerfG Erbschaftsteuer 2006]. Daraufhin wurde das Gesetz ab 2009 geändert:

- Für Erbschaften wird der "gemeine Wert" zu Grunde gelegt [§§ 151, 157 BewG]: "Der gemeine Wert wird durch den Preis bestimmt, der im gewöhnlichen Geschäftsverkehr nach der Beschaffenheit des Wirtschaftsguts bei einer Veräußerung zu erzielen wäre." [§ 9 BewG].
- Steuerfrei, "steuerbegünstigt" oder "verschont" ist durch die Erbschaftsteuerreform nahezu alles, was im weiteren Sinne als Betriebsvermögen deklariert werden kann [§§ 13a, 13b ErbStG].

Die Steuersätze werden nach 3 Steuerklassen erhoben [§§ 15, 16, 19 ErbStG]: Nahe Verwandte wie Ehegatten und Kinder bezahlen deutlich ermäßigte Sätze von 7% bis maximal 30% ab 26 Mio. € Erbschaft, sonstige Verwandte bezahlen ermäßigte Sätze von 15% bis 43%, übrige Erberwerber bezahlen 30% bis 50%. Hohe Freibeträge haben v.a. Ehegatten und Kinder, bei denen die eigengenutzte Immobilie [§ 13 Abs. 1 Nr. 4a-4c ErbStG] und zusätzlich 500.000 € bei Ehegatten und 400.000 € bei Kindern steuerfrei sind [§ 16 ErbStG], sonstige Verwandte und übrige Erwerber haben nur 20.000 € Freibetrag.

Beispiel: Bei einem steuerpflichtigen Erwerb von 300.000 € (nach Abzug der Freibeträge) bezahlen Kinder und nahe Verwandte 11% Erbschaftsteuer, sonstige Verwandte 20%, übrige Erwerber 30%.

Gemäß der im Juni 2011 erschienenen aktuellen Erbschaft- und Schenkungsteuerstatistik waren 2009 Erbschaften und Schenkungen von insgesamt 28,6 Mrd. € steuerpflichtig mit einem Aufkommen von 4,3 Mrd. € [Erbschaftsteuerstatistik 2009, S. 17, Tab. 1.2]. Davon entfiel auf rund 600 Fälle, die einen Wert von jeweils mehr als 5 Mio. € hatten, ein Steueraufkommen von knapp 0,6 Mrd. €.

Der Höchstsatz von 50% wurde 2009 nur in weniger als 5 Fällen für insgesamt nur rund 68 Mio. € Erbschaften mit einem Steueraufkommen von nur rund 34 Mio. € bezahlt [Erbschaftsteuerstatistik 2009, Tab. 2.1.1: 68=(130-388*30%) /(50%-30%)]; das sind weniger als ein Hunderdstel des Gesamtaufkommens der Erbschaftsteuer in 2010 von gut 4 Mrd. €.

Offizielle Angaben zum tatsächlich vererbten Vermögen gibt es nicht, nur zum Vermögen der privaten Haushalte in Deutschland, das rund 8.500 Mrd. € in 2007 betrug (vgl. Tab. 3.1). Geht man davon aus, dass das Vermögen alle 40 Jahre vererbt wird, so ergibt sich ein jährliches Erbe von über 200 Mrd. €. 4 Mrd. Erbschaftsteueraufkommen bedeuten dann knapp 2% tatsächlich bezahlter Erbschaftsteuersatz.

3.1.5 Tatsächlich bezahlte vermögenbezogene Steuern

Abb. 3.1a zeigt das Steueraufkommen durch vermögenbezogene Besteuerung, das in 2010 gut 20 Mrd. € betrug . Die weißen bzw. schwarzen Bänder zwischen den Kurven geben jeweils das Aufkommen der benannten Steuern an; der Maßstab ist vergrößert gegenüber Abb. 2.5 und 2.6; zur Berechnung vgl. Kasten 2.1.

Abb. 3.1 : Tatsächlich bezahlte vermögenbezogene Steuern auf Unternehmens- & Vermögenseinkommen 1970-2015

a) Vermögenbezogene Steuern

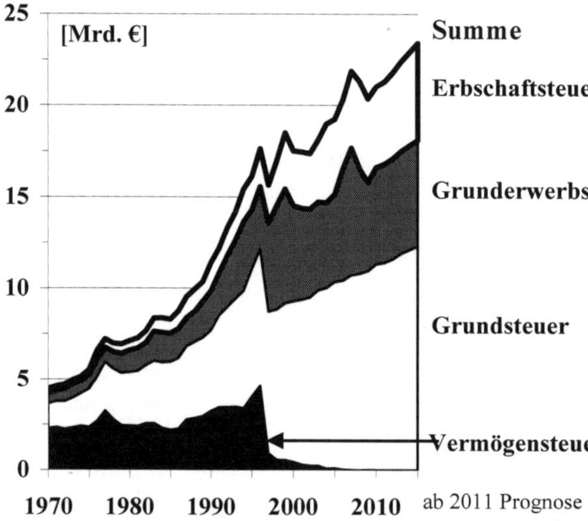

b) Belastung vermögenbezogene Steuern

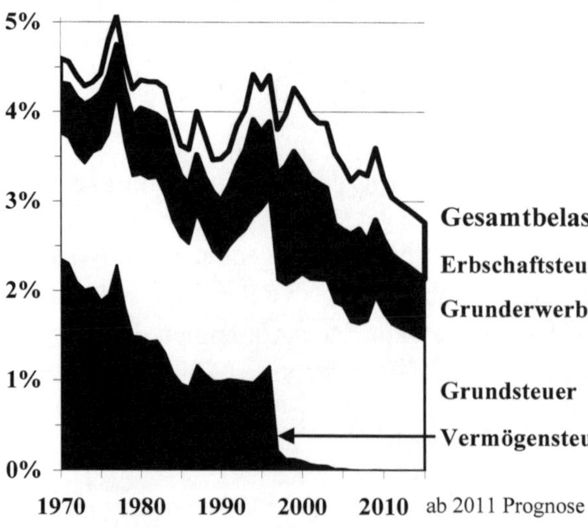

Quellen: [BMF 2011c; VGR 2010; IMK 2011].

Die unterste Linie gibt das Vermögensteueraufkommen an; sie bricht in 1997 steil nach unten ab, weil die Vermögensteuer seit 1997 ausgesetzt ist (vgl. Kap. 3.1.1). Die Linie darüber gibt kumulativ das Grundsteueraufkommen an, das durch starke Erhöhungen seit 1997 das Vermögensteueraufkommen teilweise ersetzt hat. Darüber liegt das Aufkommen der Grunderwerbsteuer, mit rund 5 Mrd. € in 2010 höher als das Aufkommen der Erbschaftsteuer von 4 Mrd. €.

Das Steueraufkommen durch vermögenbezogene Besteuerung von gut 20 Mrd. € beträgt nur knapp 1% des deutschen Bruttoinlandsprodukts, nur rund ein Drittel des EU27-Durchschnitts von 2,6% [EU 2011b, S. 346, Tab. 65]. Bezogen auf das Nettovermögen der privaten Haushalte in Deutschland von knapp 8.500 Mrd. € in 2007 (vgl. Tab. 3.1) entsprach dies einer tatsächlich im Durchschnitt bezahlten prozentualen Steuerbelastung aller Vermögenswerte von nur knapp 0,3%.

Abb. 3.1b zeigt die tatsächlich bezahlte Belastung von Unternehmens- & Vermögenseinkommen durch vermögenbezogene Besteuerung als Prozentsatz der im Bezugsjahr erzielten Unternehmens- & Vermögenseinkommen:

- Der Anstieg von 1991 bis etwa 1996 resultiert aus der massiven Erhöhung des Grundsteueraufkommens von 4,5 Mrd. € auf 7,5 Mrd. € und des Grunderwerbsteueraufkommens von 4,5 Mrd. € auf 7,5 Mrd. €.

  (Das Grundsteueraufkommen stieg massiv an, weil durch die statistische Berücksichtigung Ostdeutschlands die ostdeutsche Grundsteuer hinzu kam ohne nennenswerte Erhöhung der Unternehmens- & Vermögenseinkommen; zudem wurden in Westdeutschland die lokalen Hebesätze der Grundsteuer deutlich erhöht. Das Grunderwerbsteueraufkommen stieg an wegen der erheblichen zusätzlichen Grundstücksumsätze in Ostdeutschland zu Beginn der Wiedervereinigung.)

- In 1997 fällt die Belastung schlagartig ab wegen der Aussetzung der Vermögensteuer. Die Belastung ist seitdem weiter stetig auf rund 3% in 2010 gesunken, ein weiteres Absinken wird prognostiziert.
- In 2009 macht die Belastung einen kurzfristigen Sprung nach oben. Woher kommt dieser Sprung? Die Unternehmens- & Vermögensein-

kommen – die den Nenner der Belastung bilden – sind von 648 Mrd. € in 2008 kurzfristig stark auf 566 Mrd. € in 2009 zurückgegangen und in 2010 wieder auf 646 Mrd. € angestiegen, das vermögenbezogene Steueraufkommen hingegen hat sich nur wenig verändert. Daraus resultiert die Zacke in 2009/10.

3.2 Erforderliche Reformmaßnahmen bei den vermögenbezogenen Steuern

Bei den einkommenbezogenen Steuerarten (vgl. Kap. 2), aber auch bei den vermögenbezogenen Steuerarten (Ausnahme: Grundsteuer) werden derzeit in Deutschland grundsätzlich nur **tatsächlich zugeflossene** Erträge und **realisierte** Wertsteigerungen besteuert. Dauerhaft unbesteuert bleiben Wertsteigerungen, soweit sie nicht durch Verkauf oder nach Ablauf von Haltefristen realisiert werden. Mit anderen Worten: Produktiv investiertes Kapital wird zumindest nominal steuerlich stark belastet, unproduktives Kapital bleibt – wenn die Haltefristen eingehalten werden – selbst nominal weitgehend unbelastet.

Große Vermögen bleiben insbesondere dann gänzlich von Steuern unbelastet, wenn sie kein laufendes Einkommen erwirtschaften (häufig also, wenn der Eigentümer wirtschaftlich nicht aktiv ist), da die Vermögensteuer seit 1997 nicht mehr erhoben wird.

Wie die folgenden Ausführungen zeigen werden, ist eine Reform der vermögenbezogenen Steuern aus Gründen der Gleichmäßigkeit der Besteuerung notwendig und verfassungsrechtlich geboten. Im Folgenden werden mögliche Reformmaßnahmen zur vermögenbezogenen Besteuerung dargestellt.

3.2.1 Verfassungskonforme Wiederinkraftsetzung der Vermögensteuer

Die Erhebung der Vermögensteuer, die seit 1997 ausgesetzt ist, sollte unter Berücksichtigung der seit 1995 ergangenen Entscheidungen des Bundesverfassungsgerichts wieder ermöglicht werden [u.a. BVerfG Vermögensteuer 1995, BVerfG Erbschaftsteuer 2006]:

- Eine Neufassung des Vermögensteuergesetzes sollte den erziel**baren** Ertrag auf der Basis des aktuellen Verkehrswerts aller unterschiedlichen Vermögensbestandteile besteuern und dabei gemäß [BVerfG Vermögensteuer 1995] auf den möglichen, nicht auf den tatsächlich erzielten Ertrag erhoben werden ('Sollertragsteuer').
- Steuerpflichtig sollten Natürliche und Juristische Personen mit Sitz in Deutschland sein.
- Ein Vermögensteuersatz von z.B. 1% entspräche bei einem typischen Vermögens-Sollertrag von 4% pro Jahr einem Steuersatz von 25% auf den erziel**baren** Ertrag.
- Die bezahlte Vermögensteuer sollte zur Vermeidung einer übermäßigen Besteuerung ganz oder in Teilen auf die dem entsprechenden Vermögensteil zurechenbare Einkommensteuerschuld angerechnet werden.

(1) Bewertung nach aktuellen Verkehrswerten

Die angeblich so schwierige und kostenträchtige Bewertungsfrage zu Marktpreisen stellt sich bei Geld- und Aktienvermögen ohnehin nicht. Für Immobilien liegen katasterscharf Bodenrichtwerte vor, Gebäuderichtwerte nach Baujahr und Ausstattung existieren ebenfalls, so dass auf dieser Grundlage die Eigentümer eine Selbsteinschätzung vornehmen können. Bei üblichen Bewertungsabschlägen von z.B. 20% bis 30% zur Berücksichtigung von Schätzungenauigkeiten ist, wie in anderen Ländern üblich, ein verwaltungs- und streitarmes Bewertungsverfahren möglich, vgl. Kasten 3.1.

Kasten 3.1 : Bewertung zu Verkehrswerten verwaltungsarm möglich

Probleme bei der Erhebung der Vermögensteuer resultierten wesentlich aus der damals gesetzlich vorgesehenen willkürlichen Bewertung einzelner Vermögensbestandteile. Bei der vom Bundesverfassungsgericht geforderten strikt an Marktwerten orientierten Bewertung (so wie in den USA oder UK üblich) können derartige Probleme vermieden werden. Die Vermögensteuer könnte, wie im Ausland auch bei der Grundsteuer üblich, durch eine stichprobenartig überprüfbare Selbsteinschätzung nach Richtwerten erfolgen.

Eine Vermögensteuer als Steuer auf erziel**bares** Vermögen (Sollertragsteuer) belastet Realkapital, wie Immobilien und Betriebsvermögen, als auch Finanzkapital, wie Aktien und Geldvermögen.

Immobilien und Betriebsvermögen sind der Art nach bekannt, soweit sie in Deutschland liegen. Finanzanlagen, soweit sie in Deutschland verwaltet werden, sind grundsätzlich bekannt (Probleme: deutsches Bankgeheimnis und seit 2008 Abgeltungssteuer, vgl. Kap. 2.2.6(1)). Soweit das Realkapital im Ausland liegt bzw. das Finanzkapital im Ausland verwaltet wird, bedarf es einer Kombination aus Maßnahmen zur systematischen Steuervermeidung, die übrigens ohne internationale Harmonisierung möglich sind (vgl. Kap. 2.2.1(4)) und strikter Strafen des Steuerstrafrechts (vgl. Kap. 2.2.6(2)), um eine Benachteiligung der Kapitalverwaltung in Deutschland und generell eine Benachteiligung der Steuerehrlichen zu vermeiden.

(a) Bewertung von Immobilien

Die in Deutschland gelegenen Immobilien sind bekannt. Das für die Erbschaftsteuer verwendete verwaltungsarme Bewertungsverfahren einer angemessenen Typisierung und Pauschalisierung könnte auch für die Vermögensteuer genutzt werden. Auch für die Grundsteuer müssen und sollen in Zukunft einheitliche Werte zu Grunde gelegt werden (vgl. Kap. 3.2.2).

Ein pauschalisiertes Verfahren, z.B. Grundstücksbewertung aus der Richtwertekarte zzgl. dem Wohn/Nutzflächenverfahren, wie es in den Fachgutachten zur Reform der Grundsteuer vorgeschlagen wurde, könnte im Rahmen der Selbstveranlagung eingeführt werden. Zur Bestimmung des Steuerwerts wird vom typisierend und pauschalisierend geschätzten Verkehrswert z.B. 20% als Bewertungsabschlag abgezogen; damit dürfte in fast allen Fällen diese Schätzung unterhalb des tatsächlichen Verkehrswerts liegen und so eine verwaltungsarme Steuererhebung ermöglichen. Natürlich steht es dann dem Steuerpflichtigen frei, im Einzelfall einen noch niedrigeren Verkehrswert gutachtlich nachzuweisen.

Eine Überprüfung könnte stichprobenartig in den folgenden Jahren erfolgen. So machen es andere Länder und so könnte es zukünftig bei der Vermögensteuer und auch bei der Grundsteuer funktionieren.

(b) Bewertung von Betriebsvermögen

Das in Deutschland liegende Betriebsvermögen ist bekannt, sein Wert ergibt sich aus einer korrekt an der Realität orientierten Bilanz, wie sie im Prinzip die seit 2005 in der EU vorgeschriebenen IFRS-Bilanzierungsregeln vorsehen. Handels- und Steuerbilanzen auf der Basis des deutschen Handelsgesetzbuches sind wegen der dort möglichen sehr großen Bewertungsspielräume nicht mehr zeitgemäß.

(c) Bewertung von Finanzvermögen und Unternehmensbeteiligungen

Größere Finanzvermögen (Geldvermögen, Aktien etc.) werfen keine Bewertungsprobleme auf. Nur bei nicht an der Börse gehandelten Unternehmensbeteiligungen können Bewertungsprobleme auftreten, die aber in vielen Fällen durch angemessene Bewertungsabschläge streitarm gelöst werden können.

Quelle: nach [Besteuerung 2002, S. 142ff., Kasten 7].

Wie bei der Grund- und Erbschaftsteuer würde auch bei der Vermögensteuer eine Steuervermeidung, etwa durch Wegzug von sehr Wohlhabenden ins Ausland, wenig wirksam, wenn diese Steuer zumindest im Bereich von Immobilien als **Objektsteuer** ausgestaltet würde, weil dann das Objekt wie im Grundbuch eingetragen und nicht, wie derzeit in Deutschland, der Eigentümer steuerpflichtig wäre. Das deutsche Steuersystem würde so einfacher und gerechter.

Zur Vermeidung einer übermäßigen Besteuerung sollte die bezahlte Vermögensteuer ganz oder in Teilen auf die dem entsprechenden Vermögensteil zurechenbare Einkommensteuerschuld angerechnet werden.

Durch die Vermögensteuer wären erhebliche Steuermehreinnahmen zu erzielen, ohne das **Erwirtschaften** von Einkommen nennenswert zu belasten. In dem Aufruf der ´Initiative für die Wiedereinführung der Vermögensteuer´ heißt es hierzu [Vermögensteuer 2011a]: "Eine Steuer von einem Prozent auf das Nettovermögen (nach Abzug von Schulden) oberhalb eines Freibetrags von 500.000 Euro für einen Familienhaushalt würde etwa 20 Milliarden Euro im Jahr einbringen." Andere Abschätzungen kommen zu ähnlichen Größenordnungen [Bach/Bartholmai 2002, Blumtritt/Eicker-Wolf/Truger 2007]. Letztlich hängt das Aufkommen stark von der Ausgestaltung ab, insbesondere von den vorgesehenen Freibeträgen und der Beschränkung der Möglichkeiten, die Steuer z.B. durch Wohnsitzverlagerung oder ausländische Vermögensverwaltung (häufig ganz legal) zu vermeiden.

Erforderliche Maßnahmen:
Vermögensteuer auf alle größeren Vermögen erheben, und zwar auf deren Verkehrswerte.

(2) Einführung einer Bundes-Immobiliensteuer?

Ein erheblicher Teil aller, vor allem der größeren in Deutschland gelegenen Vermögen, liegen als private oder gewerbliche Immobilien fest. Rund die Hälfte der Vermögen privater Haushalte besteht aus Immobilienvermögen (vgl. Tab. 3.1, Z. 1), das fast ausschließlich in Deutschland liegt.

Dieses in Deutschland gelegene Immobilienvermögen könnte zusätzlich zur kommunalen Grundsteuer durch eine Immobiliensteuer besteuert werden, die vom Bund oder vom jeweiligen Land erhoben wird und, im Gegensatz zur Grundsteuer, nicht im Rahmen der Nebenkostenabrechnung auf den Mieter überwälzbar ist. Allerdings würde dadurch der Druck auf die Vermieter steigen, die Kaltmiete, soweit gesetzlich zulässig, zu erhöhen. Dies gilt aber letztlich auch bei einer Wiederinkraftsetzung der Vermögensteuer.

Die Steuer sollte unabhängig vom Wohn- bzw. Steuersitz des Eigentümers auf den Verkehrswert der Immobilie, im Gegensatz zur Grundsteuer unter Berücksichtigung der Schulden erhoben werden mit einer dinglichen Haftung der Immobilie wie bei der Grundsteuer [§ 12 GrStG]. Damit wäre die Immobiliensteuer wie die Grundsteuer weitgehend vermeidungs- und umgehungsresistent im Gegensatz zur Besteuerung von Geld- und Wertpapiervermögen durch die Einkommensteuer bzw. eine zukünftig wieder in Kraft gesetzte Vermögensteuer.

Die Steuer könnte verwaltungsarm durch eine automatisierte Kombination von Bodenrichtwerten und Angaben des Eigentümers zu Bruttoflächen und Nutzungsart erfolgen, mit stichprobenartiger Überprüfung durch die Steuerbehörden.

Eine Immobiliensteuer könnte in jedem Fall eine Vermögensteuer gut ergänzen, weil dann statt Vermögensteuer auf in Deutschland gelegenen Immobilien eine Bundes-Immobiliensteuer erhoben werden könnte. Die Vermögensteuer würde dann also alle in Deutschland liegenden Immobilien von einer Besteuerung ausnehmen. Alternativ könnten geleistete Zahlungen für die Bundes-Immobiliensteuer bei der Vermögensteuerschuld angerechnet werden.

In jedem Fall sollte die bezahlte Bundes-Immobiliensteuer zur Vermeidung einer übermäßigen Besteuerung ganz oder in Teilen auf die der Immobilie zurechenbare Einkommensteuerschuld angerechnet werden.

Eine verfassungs- und europarechtskonforme Ausgestaltung einer Bundes-Immobiliensteuer, Freibeträge etc. sind weiteren Untersuchungen vorbehalten (vgl. Kap. 5).

Erforderliche Maßnahme:
Zusätzlich zur kommunalen Grundsteuer eine Bundes-Immobiliensteuer als Teil der Vermögensteuer einführen, die nicht auf die Mieter überwälzbar ist.

(3) Vermögensabgabe verfassungsrechtlich zulässig?

Es wird zur Zeit eine **Vermögensabgabe** diskutiert zur Abtragung der Staatsschulden [Bach/Beznoska/Steiner 2010, Bach 2011a]. Es erscheint fraglich, ob das Bundesverfassungsgericht einen für ein relevantes Aufkommen erforderlichen massiven Eingriff in die Substanz von Vermögen durch eine Vermögensabgabe für zulässig halten kann, wenn nicht wie bei der Lastenausgleichsabgabe vor 60 Jahren eine – jedenfalls aus Sicht der Abgabenzahler – schicksalsmäßige Ungleichbehandlung, damals eben von Westdeutschen und von Vertriebenen, vorausgegangen ist [BVerfG Vermögensteuer 1995, C.II.3d; siehe aber Sauer 2006].

3.2.2 Verfassungskonforme Reform der Grundsteuer

Das Bundesverfassungsgericht hat, wie erläutert, 1995 in seiner Entscheidung zur Vermögensteuer die ungleiche Bewertung von Immobilien einerseits und von Barvermögen, Wertpapieren etc. andererseits für verfassungswidrig erklärt [BVerfG Vermögensteuer 1995]. In seiner Entscheidung zur Erbschaftsteuer von 2006 sah das Bundesverfassungsgericht darüber hinaus in der ungleichmäßigen Bewertung unterschiedlicher Immobilien einen Verstoß gegen den Gleichheitsgrundsatz, da die verwendeten Einheitswerte bei ähnlichen Verkehrswerten sehr unterschiedlich waren [BVerfG Erbschaftsteuer 2006].

Die Erbschaftsteuer wurde mittlerweile entsprechend reformiert, gleichzeitig aber neue Ungleichheiten in Form von Befreiungen, Verschonungen und Begünstigungen geschaffen (vgl. Kap. 3.2.4). Die Grundsteuer hingegen wird weiterhin nicht nach Marktwerten, sondern auf der Basis von gänzlich veralteten Einheitswerten erhoben (vgl. Kap. 3.1.2). Die Bewertungsverfahren bei der Grundsteuer widersprechen eklatant den vom Bundesverfassungsgericht 2007 aufgestellten Grundprinzipien bei der Erbschaftsteuer: Demnach ist strikt eine Bewertung zu Verkehrswerten bzw. Marktpreisen vorzunehmen, bevor irgendwelche Vergünstigungen berücksichtigt werden.

Das weitere Unterbleiben einer allgemeinen Neubewertung des Grundvermögens für die Grundsteuer entspricht auch nach einer Entscheidung des Bundesfinanzhofs vom 30.06.2010 nicht den verfassungsrechtlichen Anforderungen [BFH Grundsteuer 2010, Abs. 20].

Eine Reform der Grundsteuer auf der Basis von Marktwerten statt von ungleichmäßigen Einheitswerten ist dringlich! Die dazu laufenden Reformarbeiten sollten beschleunigt vorangetrieben werden.

Zu dieser Neubewertung gibt es verschiedene Vorschläge:

(1) **Verkehrswert:** Automationsgestützte Bewertung möglichst nah am Verkehrswert des Grundstücks [Grundsteuerreform 2010]. Vorschlag der Nordländer Berlin, Bremen, Niedersachsen, Sachsen und Schleswig-Holstein .

(2) **Pauschalwert:** Grundsteuer künftig nur noch auf Basis von Grundstücks- und Gebäudeflächen; keine Ermittlung von Grundstückswerten. Vorschlag der Südländer Hessen, Bayern und Baden-Württemberg.

(3) **Mischwert**: wertorientierte Bodenkomponente (Fläche * Bodenrichtwert * 0,5 v.T.) plus flächenabhängiger Gebäudeteil (Bruttogrundfläche * 0,20 €/m^2 bei Wohngrundstücken, sonst 0,40 €/m^2) [Grundsteuerreform 2011a]. Vorschlag des Landes Thüringen.

Die Länder-Finanzministerkonferenz will bis Ende 2011 eine Verprobung der unterschiedlichen Vorschläge erarbeiten, was nicht möglich sein wird: "Bei der Verprobung der Grundsteuerreformmodelle gibt es eine unerfreuliche Entwicklung. Demnach wird es nicht möglich sein, der Finanzministerkonferenz bis Ende 2011 die Verprobungsergebnisse vorzulegen. Für die Datenweitergabe durch die Länderfinanzbehörden an das Statistische Bundesamt fehlt es gegenwärtig an einer Rechtsgrundlage. Um eine Verletzung des Steuergeheimnisses auszuschließen, muss daher zunächst eine Rechtsgrundlage im Steuerstatistikgesetz geschaffen werden." [Grundsteuerreform 2011b]

Erforderliche Maßnahme:
Kommunale Grundsteuer auf Verkehrswerte erheben.

3.2.3 Alle Immobilienverkäufe der Grunderwerbsteuer unterwerfen

Die **Grunderwerbsteuer** wird im Regelfall nach vereinbarten Kaufpreisen erhoben, ein Bewertungsproblem könnte sich nur bei Eigentumsübertragungen ohne vereinbartem Kaufpreis stellen, z.B. bei Übertragungen innerhalb eines Konzerns. Aber: Privatleute und kleine Unternehmen bezahlen immer Grunderwerbsteuer bei Grundstücksübertragungen, internationale Konzerne hingegen bezahlen – ganz legal – nur selten [Jarass 2011]: Zum einen gibt das geltende Grunderwerbsteuerrecht bei Konzernumstrukturierungen eine Vielzahl von Befreiungen. Zum andern können Konzerne durch geeignete Gestaltungen Grunderwerbsteuer vermeiden, indem sie z.B. das formale Eigentum an deutschen Immobilien an Tochtergesellschaften von in ihrem Eigentum stehenden internationalen Vermögensverwaltungsgesellschaften mit Sitz im Ausland übertragen und später nicht die Grundstücke, sondern die Tochtergesellschaft über ausländische Zwischenholdings verkaufen.

Dies ist eine Diskriminierung für in Deutschland ansässige Konzerngesellschaften und Vermögensverwaltungen, die diese Schlupflöcher bei Weitem nicht so leicht und risikolos nutzen können. Hier besteht erheblicher Untersuchungs- und Reformbedarf (vgl. Kap. 5).

Erforderliche Maßnahme:
Alle Immobilienverkäufe der Grunderwerbsteuer unterwerfen.

3.2.4 Erbschaftsteuer auf alle Erbschaftsbestandteile erheben

Die immer wieder vorgetragene Behauptung, die Erbschaftsteuer gefährde den Fortbestand mittelständischer Familienunternehmen, konnte durch die Wirtschaftsverbände durch keinen einzigen Fall belegt werden, vgl. Kasten 3.2. Und trotzdem führte die damalige schwarz-rote Regierung 2008 eine weitgehende Erbschaftsteuerbefreiung von Firmenvermögen ein (vgl. Kap. 3.1.4)!

Kasten 3.2 : Keine Belege für eine Gefährdung von Unternehmen durch eine Erbschaftsteuer

Die hohe Erbschaftsteuer sei ein Jobkiller, gefährde den Fortbestand hunderter von Familienbetrieben, besonders im Mittelstand. So zogen die Verbandssprecher jahrelang durch die Lande. Ludwig Georg Braun, DIHK Präsident: "Ohne Zweifel ist es wichtig, dass das Erbschaftsteuerrecht modernisiert wird, um Arbeitsplätze in unserem Land zu erhalten." Hanns-Eberhard Schleyer, Generalsekretär Zentralverband Deutsches Handwerk: "Es ist gerade für die kleinen und mittleren Handwerksbetriebe oft ein finanzielles Problem, für den Übernehmer, diese Erbschaftsteuerschuld dann auch tatsächlich leisten zu können." Ludolf von Wartenberg, BDI-Hauptgeschäftsführer: "Ich habe das gehört, dass es Fälle gegeben hat, wo dann im Endeffekt die finanziellen Mittel nicht ausgereicht haben, die Erbschaftsteuer zu bezahlen."

Aber konnten Erben tatsächlich das Geld nicht aufbringen, mussten kleine und mittlere Betriebe dicht machen? Die Lobbyisten wurden befragt: "Kennen Sie denn Beispiele, wo Unternehmen in Schwierigkeiten geraten sind?" Ludwig Georg Braun, DIHK Präsident: "Ich persönlich vielleicht, ich persönlich nicht, aber ich könnte Ihnen viele Betriebsberater des Handwerks nennen, die Ihnen auch konkrete Fälle nennen können." Hanns-Eberhard Schleyer, Generalsekretär Zentralverband Deutsches Handwerk: "Es hat keinen Fall einer Insolvenz gegeben." Ludolf von Wartenberg, BDI-Hauptgeschäftsführer: "Man wird schlecht sagen können, alleine wegen der Erbschaftsteuer, das glaube ich auch nicht."

Im Bundesfinanzministerium haben die Beamten die Argumente geprüft. Sie haben die Wirtschaftsverbände nach Beispielen gefragt, sie haben in den Statistiken gesucht, sie haben in allen Bundesländern nachgeforscht. Gefunden haben sie nichts. Die immer wieder vorgetragene Behauptung, die Erbschaftsteuer gefährde den Fortbestand mittelständischer Familienunternehmen, ist bisher durch keinen konkreten Fall belegt.

Quelle: [Jarass/Obermair 2006, S. 81].

(1) Betriebsvermögen und als solches deklariertes Privatvermögen sind derzeit überwiegend erbschaftsteuerfrei

Steuerfrei, "steuerbegünstigt" oder "verschont" ist durch die Gesetzesänderungen seit 2009 nahezu alles, was im weiteren Sinne als Betriebsvermögen deklariert werden kann [§ 13a, 13b ErbStG].

Betriebsvermögen und wesentliche Anteile an Kapitalgesellschaften werden grundsätzlich nur zu 15% ihres Werts der Erbschaft- und Schenkungsteuer unterworfen, soweit die Lohnsumme in den folgenden 5 Jahren durchschnittlich mindestens vier Fünftel der Ausgangslohnsumme beträgt und die Firma von den Erben mindestens 5 Jahre erhalten wird [§ 13a Abs. 1 i.V.m. § 13b Abs. 4 ErbStG]. Begünstigt ist auch nicht betriebsnotwendiges so genanntes Verwaltungsvermögen, soweit es nicht mehr als die Hälfte des Betriebsvermögens ausmacht, z.B. Bargeld, Festgeld, Wertpapiere, nicht betriebsnotwendige, insbesondere auch an Dritte vermietete Immobilien, Beteiligungen von weniger als ein Viertel an Kapitalgesellschaften etc. [§ 13b Abs. 2 ErbStG].

Im Ergebnis kann ein Erblasser sein Erbe in eine Firma packen und spart dadurch einen Großteil der Erbschaftsteuer. Hat die Firma weniger als 20 Beschäftigte, müssen auch keine Lohnsummen berücksichtigt werden.

Beispiele: Eine Firma hat einen Wert von 5 Mio. €. Der Erblasser überträgt auf die Firma Geld, Wertpapiere, Unternehmensbeteiligungen und Immobilienvermögen in Höhe von 5 Mio. € und schenkt nach 2 Jahren die Firma im Wert von nun 10 Mio. € seinem Sohn. Der Beschenkte muss nun 1,5 Mio. € als Schenkung versteuern, abzüglich eines Freibetrags von 0,4 Mio. € also 1,1 Mio. €. Hierauf müssen nun 19% Erbschaftsteuer bezahlt werden, also rund 0,2 Mio. € auf ein Gesamterbe von 10 Mio. €, was einem Steuersatz von 2% entspricht.

Zum Vergleich: Auf sein Gehalt als angestellter Mitarbeiter in der Firma des Vaters muss der Sohn durchschnittlich fast 50% Steuer- & Sozialabgaben bezahlen (vgl. Abb. 2.2).

Verpflichtet sich der Beschenkte oder der Erbe, die Lohnsumme über 7 Jahre durchschnittlich konstant zu halten und die Firma mindestens 7 Jahre zu behalten, ist das gesamte Erbe steuerfrei, allerdings darf in diesem Fall das nicht betriebsnotwendige Verwaltungsvermögen nur ein Zehntel betragen, die Umwidmung von privatem Geld- und Immobilienvermögen in Betriebsvermögen aus erbschaftsteuerlichen Gründen ist hier also viel schwieriger. Hat die Firma weniger als 20 Beschäftigte, müssen keinerlei Lohnsummen berücksichtigt werden. Im Ergebnis sind alle Firmen mit weniger als 20 Mitarbeitern ganz erbschaftsteuerfrei, soweit das Betriebsvermögen mindestens 7 Jahre gehalten wird.

(2) Erbschaftsteuer auf alle (größeren?) Erbschaften ohne Ausnahmen erheben

Die überwiegende Steuerfreistellung von Betriebsvermögen und als solches deklariertes Privatvermögen ist nicht erforderlich zum Zwecke der Betriebsfortführung, längerfristige Stundungsmöglichkeiten wären im Einzelfall zur Betriebserhaltung völlig ausreichend. Damit würde die Belastung durch Erbschaftsteuer bei Nachweis einer Existenzgefährung in spätere Perioden verlegt und im Einzelfall ganz erlassen; dies erlaubt übrigens damals wie heute die geltende Rechtslage.

Die vielen Sondervorschriften bei der Erbschaftsbesteuerung sind unnötig und führen zu einer enormen Verkomplizierung des Steuerrechts. Eine zukünftige Erbschaftsteuer könnte etwa wie folgt sinnvoll gestaltet werden:

- Das vererbte oder geschenkte Vermögen sollte mit Marktpreisen bewertet werden, so wie es das Bundesverfassungsgericht in seinem Urteil vorgeschrieben hat [BVerfG Erbschaftsteuer 2006] und es seit 2009 weitgehend umgesetzt wurde [§ 151 i.V.m. § 9 BewG; Kap. 3.1.4 dieses Berichts].
- Alle Erbschaften und Schenkungen sollten unabhängig von der Nutzungsart, gleich ob privat oder betrieblich, Immobilien oder Wertpa-

piere, der Besteuerung unterworfen werden. Die Erbschaftsteuersätze sollten moderat sein bei vielleicht 20% bis 30%.

- Kleinere Erbschaften bis zu 100.000 € (das sind der Großteil der Erbschaften) könnten freigestellt werden, auf Erbschaften bis zu 500.000 € könnte ein ermäßigter Steuersatz erhoben werden.
- Eine Abstufung der Steuersätze nach Verwandtschaftsgrad könnte insbesondere bei selbstgenutzten Immobilien sinnvoll erscheinen.

Erforderliche Maßnahme:
Erbschaftsteuer auf alle größeren Erbschaften und ohne Ausnahmen erheben.

Das Erbschaftsteueraufkommen würde durch die Refomvorschläge deutlich größer als das derzeitige Aufkommen von 4 Mrd. € pro Jahr sein. Eine genauere Abschätzung erforderdert weitere Untersuchungen (vgl. Kap. 5).

Durch einen angemessenen Zuschlag zur Vermögensteuer könnte die Erbschaftsteuer statt in einem großen Betrag von den Erben in vielen kleinen Beträgen vom derzeitigen Eigentümer als potenziellem Erblasser erhoben werden.

Beispiel: Bei einer einmaligen Erbschaftsteuerbelastung von 25% könnte die Erbschaftsteuer mit jährlich 1% des Vermögens während 25 Jahren vorausbezahlt werden. Durch laufende Vorauszahlungen auf die Erbschaftsteuer würden Entscheidungen zur Betriebsnachfolge einfacher und die enormen Aufwendungen von Privaten und Unternehmen zur Verminderung der Einmal-Steuer auf Erbschaften gegenstandslos [Jarass/Obermair 2002, S. 146].

Insbesondere der Wegzug von sehr Wohlhabenden ins Ausland zur Vermeidung der Erbschaftsbesteuerung würde bei einer Ausgestaltung als Objektsteuer (wie in Spanien realisiert) irrelevant, da dann das vererbte Objekt und nicht wie derzeit in Deutschland der Erbe steuerpflichtig wäre. Das deutsche Erbschaftsteuersystem würde so einfacher und gerechter.

3.2.5 Finanztransaktionssteuer einführen

Finanzinstitute und Finanzspekulanten haben eine Bankenkrise verursacht, deren Kosten von den kleinen Leuten getragen werden sollen [Finanzmarktkrise 2011]. Eine Finanztransaktionssteuer könnte die Instabilität von Wechselkursen, Rohstoffpreisen und Aktienkursen mildern, und zwar sowohl ihre kurzfristige Volatilität als auch das Ausmaß der längerfristigen Trends nach oben und unten [Schulmeister 2009/2011]. Das Ertragspotenzial einer Finanztransaktionssteuer ist sehr hoch.

Erforderliche Maßnahme:
Finanztransaktionssteuer einführen.

Ist eine Einführung einer Finanztransaktionssteuer auch national oder regional möglich? Wie kann eine Finanztransaktionssteuer effizient von einzelnen Wirtschaftsräumen eingeführt werden? Hierzu gibt es interessante Ansätze einer Verknüpfung von Erhebung der Finanztransaktionssteuer und steuerlicher Absetzbarkeit der gesamten Transaktionskosten, die näher untersucht werden sollten.

Die Europäische Kommission hat Ende September 2011 konkrete Vorschläge für die Einführung einer Finanztransaktionssteuer vorgelegt [EU 2011c].

4 Verbrauchbezogene Besteuerung

Verbrauchbezogene Steuern sind Mehrwertsteuer, Energie- und Stromsteuern, KfZ-Steuern, Tabak- und Alkoholsteuern, Erträge aus dem Verkauf von CO_2-Zertifikaten etc.. Von diesen Steuern wird hier mit der Mehrwertsteuer nur die wichtigste und aufkommenstärkste Steuer näher betrachtet (vgl. Abb. 4.1).

Zu einer detaillierten Darstellung zu Energie- und Umweltsteuern siehe [Meyer u.a. 2011].

4.1 Bestandsaufnahme der verbrauchbezogenen Besteuerung

4.1.1 Mehrwertsteuer

Die Mehrwertsteuer besteuert den Nettoverkaufspreis [§ 1 Abs. 1 UStG]. Mehrwertsteuerpflichtige Unternehmen erhalten die bezahlte Mehrwertsteuer zurück [§ 15 Abs. 1 UStG]. Die Mehrwertsteuer belastet also fast ausschließlich den privaten Endverbraucher von Gütern und Diensleistungen.

Die Mehrwertsteuer wird standardmäßig mit 19% auf den Nettoverkaufspreis erhoben, Nahrungsmittel, Hotels, kulturelle Leistungen etc. werden nur mit 7% besteuert [§ 12 UStG], Gesundheitsleistungen, Zinszahlungen und ähnliches sind ganz steuerbefreit [§ 4 UStG].

Die Mehrwertsteuer muss vom Lieferanten grundsätzlich an sein Finanzamt abgeführt werden, sobald er eine Rechnung an einen Kunden schickt. Dem Kunden wird, falls er ein mehrwertsteuerpflichtiges Unternehmen ist, die in Rechnung gestellte Mehrwertsteuer vom zuständigen Finanzamt erstattet ('Vorsteuer'). Es ist dabei nicht erforderlich, dass der Kunde bereits irgendwelche Zahlungen an den Lieferanten geleistet hat.

Privatkunden und nicht mehrwertsteuerpflichtige Institutionen bekommen die ihnen in Rechnung gestellte Mehrwertsteuer nicht zurück.

(1) Mehrwertsteuersystem ist höchst kompliziert

Das derzeitige Mehrwertsteuersystem bewirkt einen enormen **Verwaltungsaufwand** bei Steuerzahlern und bei der Finanzverwaltung. Ein Beispiel:

(a) Ein Lieferant stellt an seinen gewerblichen Kunden eine Rechnung über 1.000 € zzgl. 190 € (19%) MWSt. und muss diese 190 € an das Finanzamt überweisen, auch wenn er von seinem Kunden noch gar kein Geld erhalten hat. Der Kunde wiederum bekommt von seinem Finanzamt 190 € MWSt. erstattet, unabhängig davon, ob er die Rechnung tatsächlich bezahlt hat. Das ist geltende deutsche Rechtslage [§ 15 Abs, 1 Nr. 1 S. 2 UStG, basierend auf EU 2006].

(b) Nach einigen Monaten bezahlt der Kunde endlich, aber nur 800 €, weil nach seiner Meinung die Lieferung nicht komplett war. Der Lieferant kann nun eine korrigierte Rechnung über 800 € zzgl. 152 € MWSt. ausstellen, das Finanzamt erstattet ihm die Mehrwertsteuerüberzahlung in Höhe von 38 € (=190€-152€). Der Kunde muss entsprechend von der bereits erhaltenen Mehrwertsteuererstattung ('Vorsteuer') von 190 € nun 38 € an sein Finanzamt zurückzahlen.

(c) Irgendwann einigen sich beide auf einen endgültigen Preis von 900 € zzgl. 171 € MWSt.. Der Lieferant muss nun eine neue korrigierte Rechnung über 900 € zzgl. 171 € MWSt. ausstellen und 19 € MWSt. an sein Finanzamt nachzahlen, der Kunde bekommt 19 € MWSt. ('Vorsteuer') von seinem Finanzamt erstattet.

(d) Der Kunde überweist die in der Einigung festgelegten 900 € abzüglich 2% Skonto. Daraufhin muss der Lieferant eine korrigierte Mehrwertsteuererklärung einreichen über 882 € zzgl. 167,58 € MWSt. und bekommt die Mehrwertsteuerüberzahlung in Höhe von 3,42 € (=190€-38€+19€-167,58€) zurück, der Kunde muss entsprechend von der bereits erhaltenen Mehrwertsteuererstattung (´Vorsteuer´) von 171 € (=190€-38€+19€) nun 3,42 € an sein Finanzamt zurückzahlen.

Ergebnis: Der Lieferant hat mittlerweile für diese Lieferung vier Mehrwertsteuererklärungen abgegeben, der Kunde vier Vorsteuererklärungen. Das Finanzamt hatte acht Steuererklärungen zu verwalten, hat aber netto keinen Cent Mehrwertsteuer erhalten. Der EU-Wahnsinn hat Methode …

(2) Mehrwertsteuerbetrug

Das gegenwärtige Erhebungsmodell hat einen erheblichen Steuerausfall zur Folge, z.B. durch Mehrwertsteuerbetrug, Methoden zur Umgehung der Mehrwertsteuer (´Schwarzgeschäfte´), Insolvenzen oder Fehler der Steuerpflichtigen in der Mehrwertsteuererklärung [Umsatzsteuerbetrug 2011]. Im Jahr 2009 betrug der Mehrwertsteuerausfall in den EU27-Staaten insgesamt rund 120 Mrd. € oder 12% der gesamten Mehrwertsteuerschuld [EU 2010a, S. 2]. Alleine durch Mehrwertsteuerbetrug und Insolvenzen gehen Deutschland weit über 5 Mrd. € pro Jahr an Steueraufkommen verloren [Gebauer 2008].

Ein Beispiel: Ein Lieferant stellt einem Kunden eine Rechnung aus, ohne die resultierende Mehrwertsteuer an das Finanzamt abzuführen. Der Kunde bekommt trotzdem die in der Rechnung ausgewiesene Mehrwertsteuer von seinem Finanzamt zurück (´Vorsteuer´), auch ohne die Rechnung bezahlt zu haben.

Wenn das Finanzamt dem Lieferanten z.B. bei einer Betriebsprüfung auf die Schliche kommt, ist er entweder verschwunden oder insolvent. Der Rechnungsempfänger war grundsätzlich berechtigt, die in der Rechnung ausgewiesene Mehrwertsteuer von seinem Finanzamt zurückzufordern. Der Nachweis eines abgestimmten Verhaltens dürfte deshalb dem Finanzamt nicht leicht fallen.

Zudem erleichtert eine an sich sehr sinnvolle Maßnahme zugunsten von kleineren Unternehmen den Mehrwertsteuerbetrug [§ 20 UStG]: Bis 0,5 Mio. € Jahresumsatz kann nämlich jedes Unternehmen dafür optieren, die Mehrwertsteuer erst an das jeweilige Finanzamt abzuführen, nachdem der Kunde die Rechnung bezahlt hat; im Gegenzug erhält das Unternehmen in Rechnung gestellte Mehrwertsteuer erst nach Bezahlung einer Rechnung vom Finanzamt zurück.

In unserem Betrugsbeispiel optiert dann der Rechnungsaussteller für eine Besteuerung erst nach Erhalt der Zahlung, und muss deshalb ganz legal nie Mehrwertsteuer abführen, da er nie eine Zahlung erhält. Der Rechnungsempfänger hingegen optiert für die Regelbesteuerung, und bekommt die in Rechnung gestellte Mehrwertsteuer von seinem Finanzamt zurück, auch ohne die Rechnung bezahlt zu haben. Ob das Finanzamt diesen Betrug bei einer Betriebsprüfung bemerkt, ist fraglich, da sich sowohl Rechnungsaussteller als auch Rechnungsempfänger aus Sicht der jeweiligen Betriebsprüfer korrekt verhalten haben und es keinen automatischen Datenaustausch zwischen den beteiligten Finanzämtern gibt.

4.1.2 Tatsächlich bezahlte verbrauchbezogene Steuern

Abb. 4.1 zeigt das Steueraufkommen durch verbrauchbezogene (´indirekte´) Steuern. Die weißen bzw. schwarzen Bänder zwischen den Kurven geben jeweils die Belastung durch die rechts benannten Steuern an.

Im Jahr 2010 betrugen die verbrauchbezogenen Steuern insgesamt 269 Mrd. € (vgl. hierzu auch Tab. 1.1 in Kap. 1.2.2). Davon waren in 2010 rund zwei Drittel Mehrwertsteuer und je rund ein Sechstel Energie- & Stromsteuern sowie sonstige Verbrauchsteuern.

Abb. 4.1 : Steueraufkommen durch verbrauchbezogene Steuern 1970-2015

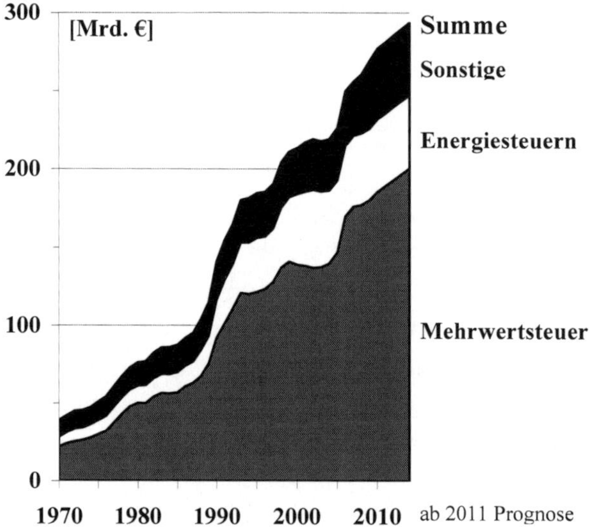

Quellen: [BMF 2011c; VGR 2010]; bis 1990 nur Westdeutschland; für Schätzwerte ab 2011: [IMK 2011].

4.2 Erforderliche Reformmaßnahmen bei der Mehrwertsteuer

4.2.1 Erhebungsverfahren ändern

Ist der Rechnungsempfänger ein mehrwertsteuerpflichtiges Unternehmen, erstattet ihm derzeit das Finanzamt die darin ausgewiesene Mehrwertsteuer, ohne dass die Mehrwertsteuer vom Rechnungsaussteller an das Finanzamt abgeführt wurde und auch, wenn die Rechnung vom Rechnungsempfänger nicht bezahlt wurde. Dies kommt einer Einladung zum Betrug gleich.

Zudem ist dieses System unnötig höchst kompliziert und damit nur mit großem und unnötigem Verwaltungsaufwand durchführbar.

(1) Notlösung: Leistungsempfänger als Steuerschuldner

Wie erläutert, ist grundsätzlich der Aussteller der Rechnung, also der Lieferant, Steuerschuldner. Zur Vermeidung von Steuerbetrug wurde in den letzten Jahren schrittweise die Steuerschuldnerschaft vom Lieferanten auf den Leistungsempfänger verlagert, insbesondere im besonders betrugsanfälligen Baubereich und bei ausländischen Lieferanten ('Reverse-Charge-Verfahren') [§ 13b Abs. 2 UStG].

Beispiel: Ein Unternehmen reinigt das Gebäude eines anderen Unternehmens und stellt hierfür eine Rechnung über 1.000 € zzgl. 190 € MWSt. aus. In diesem Fall bekommt der Empfänger der Rechnung die in Rechnung gestellte Mehrwertsteuer zwar von seinem Finanzamt zurück, muss aber gleichzeitig, im Gegensatz zum Regelfall, an Stelle des Reinigungsunternehmens 190 € MWSt. an sein Finanzamt abführen, netto also 0 €.

Dieses Verfahren mag als Notlösung für besonders betrugsanfällige Branchen taugen, verursacht aber weitere Betrugsmöglichkeiten, weil in der Praxis häufig unklar ist, wer denn nun eigentlich Mehrwertsteuer zu bezahlen hat.

Das Bundesfinanzministerium wollte schon 2008 für alle Lieferungen/Leistungen über 5.000 € den Leistungsempfänger als Steuerschuldner festlegen, aber andere EU-Staaten haben das 2008 mehrheitlich blockiert genauso wie ein dazu geplantes Pilotprojekt [BMF 2011b]. Auch dieser aus der Not geborene Vorschlag, unter weitestgehender Auslegung der EU-Mehrwertsteuerrichtlinie [EU 2006] Betrug zu bekämpfen, hat ähnliche systematische Nachteile wie die vorher erläuterten branchenspezifischen Regelungen zur Mehrwertsteuer.

(2) Lösung: Mehrwertsteuer erst nach Bezahlung der Rechnung erheben, nicht schon bei Rechnungsstellung

Die Mehrwertsteuer sollte zukünftig erst nach Bezahlung der Rechnung beim Lieferanten erhoben und dem Kunden erstattet werden. Dies würde das deutsche Mehrwertsteuersystem vereinfachen und zu einer enormen **Verwaltungseinsparung** bei allen Beteiligten, sowohl bei den Betrieben wie auch bei der Finanzverwaltung, führen. Zudem sollte zumindest bei größeren Beträgen eine Rückerstattung erst erfolgen, wenn die Zahlung der Mehrwertsteuer durch den Lieferanten nachgewiesen ist. Damit würden die Möglichkeiten für Mehrwertsteuerbetrug weiter verringert [EU 2010b].

In obigem Beispiel (2a) würde dann der Kunde erst nach tatsächlicher Bezahlung der Rechnung die bezahlten 190 € MWSt. vom Finanzamt zurückfordern können, im Gegenzug müsste der Lieferant erst nach Erhalt der Zahlung die 190 € MWSt. an sein Finanzamt abführen.

Erforderliche Maßnahme:
Mehrwertsteuer erst nach Bezahlung der Rechnung beim Lieferanten erheben und dem Kunden erstatten.

Auch diese Maßnahme steht grundsätzlich im Widerspruch zur EU-Mehrwertsteuerrichtlinie. Es wäre zu prüfen, inwieweit in der Praxis der Vorschlag de facto EU-konform umgesetzt werden könnte, indem die Rückzahlung von Mehrwertsteuer, wie in vielen anderen EU-Staaten üblich, generell verzögert wird. Zudem sollte, zumindest bei größeren Beträgen, für eine Rückerstattung grundsätzlich die Rechnung in einem elektronischen Standardformat bei einer zentralen Datenbank der Finanzämter eingereicht werden müssen, und zwar sowohl vom Lieferanten wie vom Kunden. Damit wäre ein automatisierter Datenabgleich möglich. Das Entdeckungsrisiko würde deutlich erhöht und der Mehrwertsteuerbetrug würde deutlich eingeschränkt.

4.2.2 Ermäßigten Mehrwertsteuersatz für Lebensmittel beibehalten

Allein durch die Mehrwertsteuer wird das Haushaltsnettoeinkommen des ärmsten Zehntels der Bevölkerung mit knapp 12% belastet, das des reichsten Zehntels nur mit gut 6% [Bach 2011b, Tab. 2]. Zwar ist bei den Wohlhabenden auf Grund ihrer Konsumstruktur (z.B. Restaurantbesuch statt Lebensmittelkauf) nur ein kleinerer Teil des Konsums steuerermäßigt, aber Bezieher niedrigerer Einkommen konsumieren einen viel höheren Anteil ihres verfügbaren Einkommens als die Wohlhabenden.

Ein voller Mehrwertsteuersatz auf Nahrungsmittel etc. würde v.a. Geringverdiener belasten [Bach 2011b]. Deshalb wäre ein Sozialausgleich aus Steuermitteln erforderlich. Es bestehen erhebliche Zweifel, ob der Sozialausgleich dauerhaft finanziert werden würde. Deshalb sollten vergünstigte Mehrwersteuersätze beibehalten werden, soweit sie primär die grundsätzlich stärkere Mehrwertsteuerbelastung kleinerer Einkommen reduzieren. Dies betrifft insbesondere den ermäßigten Mehrwertsteuersatz für Lebensmittel von 7% [§ 12 Abs. 2 Nr. 2 UStG] und die Mehrwertsteuerfreistellung von Mieten [§ 4 Nr. 12 UStG].

In jedem Fall sollten der erst 2009 eingeführte ermäßigte Mehrwertsteuersatz für Hoteliers [§ 12 Nr. 11 UStG] sowie alle anderen Vergünstigungen, insbesondere auch für Tierfutter, abgeschafft werden. Im Gegenzug wäre eine Mehrwertsteuervergünstigung für Kinderbedarf zu überlegen.

Erforderliche Maßnahme:
Mehrwertsteuervergünstigungen reduzieren, für Lebensmittel und Mieten aber beibehalten.

5 Offene Fragen und erforderliche Untersuchungen

Die Bestandsaufnahme in den vier vorherigen Kapiteln dieses Berichts bestätigt den allgemeinen Eindruck, dass die Besteuerung in Deutschland zunehmend lückenhaft und zunehmend unsozial ist:

- Das gesamte Wirtschaftssystem hat sich rapide strukturell verändert von einer überwiegend nationalstaatlich operierenden Ökonomie hin zu einer global vernetzten Ökonomie. Der Gesetzgeber hat es in den letzten Jahrzehnten versäumt, das Steuersystem durch entsprechende tiefgreifende Veränderungen der Besteuerung und ihrer Bemessungsgrundlagen der Realität anzupassen. Dadurch hat Deutschland, wie andere Länder auch, die Heuschrecken angelockt und die Raubtiere gefüttert, die heute vielfach mächtiger sind als die Politik.
- Gut organisierte Lobbygruppen haben mit Unterstützung weiter Kreise aus Wissenschaft und Beratung immer neue steuerliche Vergünstigungen für global operierende Konzerne, für die Bezieher sehr hoher Einkommen und die Eigentümer großer Vermögen durchgesetzt.
- Die durch diese Steuerpolitik verstärkte Umverteilung des Volkseinkommens von unten nach oben lässt sich unmittelbar ablesen an der zeitlichen Entwicklung der Steuer- & Sozialabgabenbelastung: Vor 30 Jahren war die Steuer- & Sozialabgabenbelastung von Lohneinkommen mit rund 40% nur geringfügig höher als die Belastung von Unternehmens- & Vermögenseinkommen mit rund 35%, heute ist sie mit rund 45% etwa doppelt so hoch wie die dramatisch auf gut 20% abgesenkte Steuerbelastung von Unternehmens- & Vermögenseinkommen.

Die steuerrechtlichen Ursachen für diese Missstände sind für die wichtigsten Steuerarten in den Kapiteln 2, 3 und 4 dargestellt. Dort wurden auch jeweils Reformziele formuliert und Vorschläge für entsprechende Reformmaßnahmen vorgelegt.

Vor ihrer Durchführung müssen die vorgeschlagenen Reformmaßnahmen unter Berücksichtigung alternativer Vorschläge, z.B. von Kirchhof [Kirchhof 2011b; Berger 2011], in mehrfacher Hinsicht genauer untersucht und Antworten auf zahlreiche offene Fragen erarbeitet werden:

- Wie sehen gesetzliche und verwaltungstechnische Instrumente zur Durchsetzung der jeweiligen Maßnahme aus?
- Wie könnten Übergangsregelungen, Freibeträge, Fristen gestaltet werden?
- Welche wirtschaftlichen Auswirkungen haben die einzelnen Maßnahmen auf verschiedene Typen von Unternehmen?
- Lässt sich das durch die einzelnen Maßnahmen vor Berücksichtigung von Anpassungsreaktionen erzielbare zusätzliche Steueraufkommen zumindest größenordnungsmäßig abschätzen?
- Wie verlässlich und wie aktuell ist jeweils die Datenbasis für solche Abschätzungen? Wie lassen sich ggf. verlässlichere und aktuellere Daten gewinnen?
- Welche Ausweich- und Abwehrreaktionen sind von den einzelnen Akteuren zu erwarten, und welche Auswirkungen würde das auf das Steueraufkommen haben können?
- Zukünftige Besteuerung von Banken und immateriellen Wirtschaftsgütern?
- Wie könnte eine Finanztransaktionssteuer auch ohne internationale Abstimmung eingeführt werden?

Diese notwendigen und großenteils durchaus beantwortbaren Fragen bedürfen einer weiteren detaillierteren Untersuchung.

6 Zusammenfassung

6.1 Steuer- & Sozialabgabenbelastung

(1.1) Die öffentlichen Haushalte sind strukturell unterfinanziert. Nicht zu niedrige Steuersätze sind die Hauptursache dafür, sondern eine Steuerpolitik, die seit Jahrzehnten die Effekte der Globalisierung nicht berücksichtigt hat: Nach der aus vorglobalen Zeiten überkommenen Systematik und Praxis der Steuererhebung können heute erhebliche Anteile von großen in Deutschland erworbenen Einkommen dem deutschen Fiskus entzogen werden, teils legal durch Steuervermeidung, teils illegal durch Steuerhinterziehung. Angesichts wachsender Aufgaben bei der Kinderbetreuung, im Jugend- und Bildungsbereich, im Bereich der öffentlichen Ordnung und zur Erhaltung und zum Ausbau der Infrastruktur ist eine Reform von Steuersystem und Steuererhebung erforderlich, die nachhaltiges staatliches Handeln wieder finanzierbar macht. → **Kap. 1.1**

(1.2) Die Steuer- & Sozialabgabenbelastung wurde seit Anfang der 1980er Jahre immer mehr zu Ungunsten der Lohnempfänger verschoben. Arbeit muss in 2010 vier Fünftel der öffentlichen Aufgaben finanzieren (Abb. 6.1b), obwohl ihr Anteil am Volkseinkommen nur gut drei Fünftel beträgt (Abb. 6.1a). Die tatsächlich bezahlte Belastung von Lohneinkommen durch Steuer- & Sozialabgaben war in 2010 mit gut 45% mehr als doppelt so hoch wie die Steuerbelastung von Unternehmens- & Vermögenseinkommen, die nur gut 20% betrug (Abb. 6.1c). Diese Umverteilung von unten nach oben muss beendet werden. → **Kap. 1.2**

Abb. 6.1 : Anteile am Volkseinkommen sowie Belastung durch direkte Steuern & Sozialabgaben 2000-2015

a) Anteil am Volkseinkommen

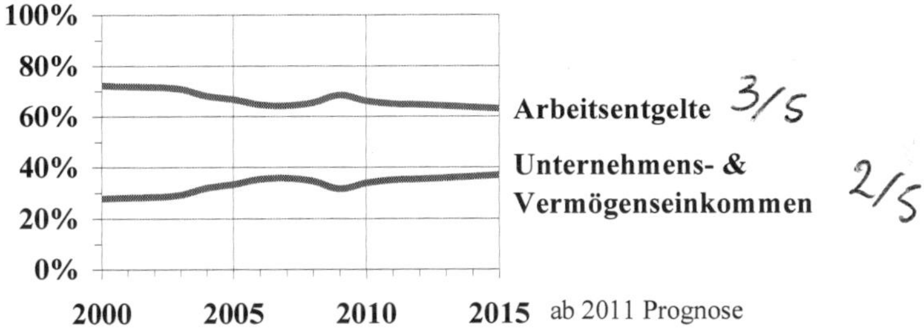

b) Anteil an allen direkten Steuern & Sozialabgaben

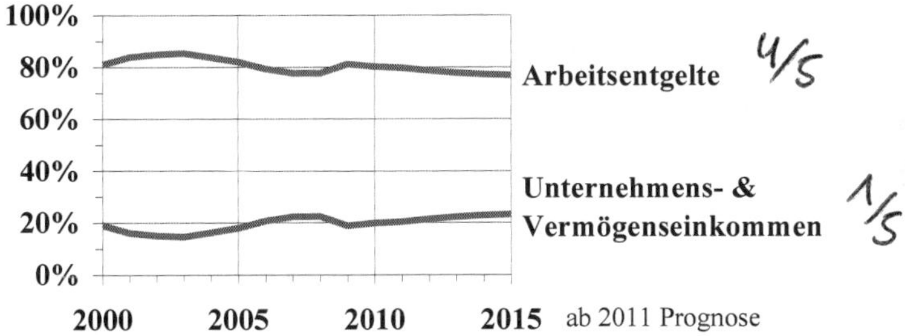

c) Belastung des Einkommens durch Steuern & Sozialabgaben

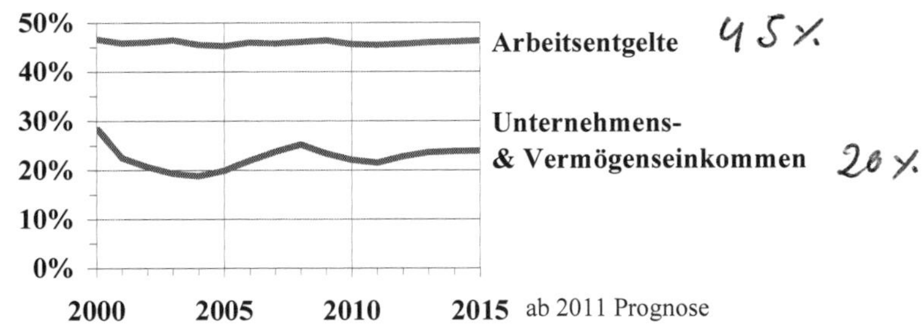

Arbeitsentgelte = Bruttolohnsumme + Sozialabgaben der Arbeitgeber.

Quellen: [BMF 2011c; VGR 2010; IMK 2011].

(1.3) Abb. 6.2 zeigt die realen, d.h. preisbereinigten Volkseinkommen, Arbeitsentgelte und Unternehmens- & Vermögenseinkommen von 2000 bis 2015: → **Kap. 1.2.3**

- Das Volkseinkommen ist von 2000 bis 2010 um rund 8% gewachsen.
- Die Arbeitnehmer profitierten vom Wachstum nicht, ihre Nettolöhne sind – preisbereinigt – genauso hoch wie in 2000 und sollen bis 2015 trotz eines prognostizierten weiteren Wirtschaftswachstums nur um rund 5% steigen.
- Von 2000 bis 2010 bekamen den gesamten Zuwachs Unternehmens- & Vermögenseinkommen, die trotz des massiven Rückgangs in 2008 und 2009 um über 40% gestiegen sind und laut Prognose bis 2015 um weitere 22% steigen werden.

Abb. 6.2 : Arbeitsentgelte versus Unternehmens- & Vermögenseinkommen 2000-2015

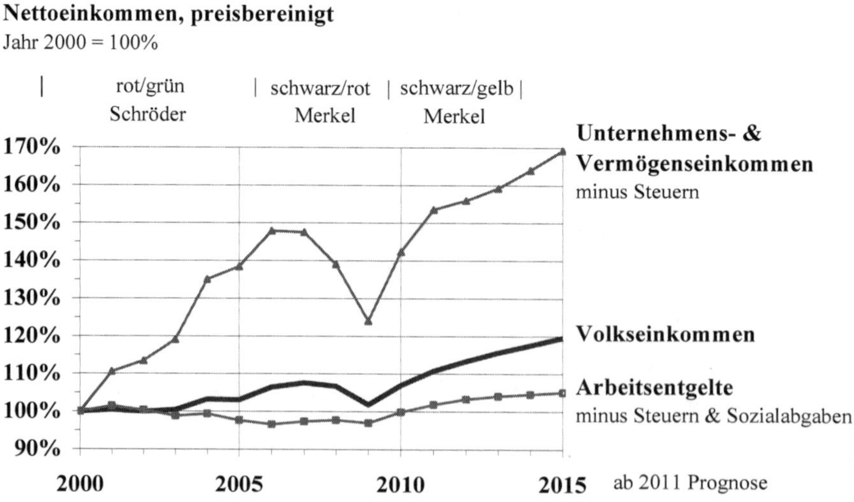

Arbeitsentgelte = Bruttolohnsumme + Sozialabgaben der Arbeitgeber.

Quellen: [BMF 2011c; VGR 2010; IMK 2011]; bis 1990 nur Westdeutschland.

6.2 Einkommenbezogene Besteuerung

In Deutschland gibt es derzeit drei einkommenbezogene Steuerarten:

- Einkommensteuer,
- Körperschaftsteuer,
- Gewerbesteuer.

(2.1) Derzeit bleiben erhebliche Teile von in Deutschland erworbenen Einkommen dauerhaft in Deutschland unbesteuert. Insbesondere können in Deutschland erwirtschaftete Kapitalentgelte für Kredite (Schuldzinsen) und für Patente und Namenslizenzen (Lizenzgebühren) unbesteuert in Steueroasen fließen. Eine Bekämpfung von Steuervermeidung und Steuerflucht ist kurzfristig und EU-konform durch rein nationale Maßnahmen möglich. → **Kap. 2.2.1**

Erforderliche Maßnahmen:
Besteuerung der gesamten im Inland erwirtschafteten Kapitalentgelte, also wie bisher Gewinne, zukünftig auch geleistete Schuldzinsen und Lizenzgebühren, die dann nicht mehr unbesteuert in Steueroasen fließen können:

- **Besteuerung nicht nur beim Empänger, sondern auch an der Quelle, also beim Betrieb**
- **Besteuerung unabhängig vom in- oder ausländischen Sitz des Kapitaleigentümers**

(2.2) Derzeit können in Deutschland Aufwendungen steuerlich geltend gemacht werden, auch wenn die resultierenden Erträge in Deutschland steuerfrei sind. Dies resultiert in massiven deutschen Steuerverlusten und belohnt zudem den Abbau von deutschen Arbeitsplätzen und ihre Verlagerung in Niedriglohnländer. → **Kap. 2.2.2**

Erforderliche Maßnahme:
Kein steuerlicher Abzug von Aufwendungen, soweit resultierende Erträge steuerfrei sind.

(2.3) Durch die derzeit mögliche Verrechnung von Gewinnen und Verlusten zwischen gesellschaftsrechtlich unabhängigen Unternehmen eines Konzerns ist deren Steuerbelastung viel niedriger als die eines vergleichbaren Einzelunternehmens. → **Kap. 2.2.3(1)**

Erforderliche Maßnahme:
Verlustverrechnung zwischen verbundenen Konzerngesellschaften ('steuerliche Organschaft') aufheben, und zwar sowohl bei der Körperschaftsteuer wie bei der Gewerbesteuer.

(2.4) Derzeit können Unternehmen Verluste aus frühereren Jahren zeitlich unbegrenzt vortragen. Allein bei der Körperschaftsteuer betrugen in 2006 die Verlustvorträge 576 Mrd. €, über fünfmal so viel wie der körperschaftsteuerpflichtige Gesamtbetrag der Einkünfte aller Unternehmen von rund 104 Mrd. €. → **Kap. 2.2.3(2)**

Erforderliche Maßnahme:
Verrechnung von Verlusten aus früheren Jahren stärker beschränken.

(2.5) Derzeit bleiben Wertsteigerungen vielfach unbesteuert. Die dadurch gebildeten unbesteuerten Vermögenswerte ('stille Reserven') sind eine vom Gesetzgeber geförderte Möglichkeit zur legalen Steuervermeidung und der Hauptgrund für die Komplexität der deutschen Unternehmensbesteuerung. → **Kap. 2.2.4**

Erforderliche Maßnahme:
Dauerhaft unbesteuerte Vermögenserträge verringern durch schrittweise Annäherung der Buchwerte an die Verkehrswerte.

(2.6) Die Gewerbesteuer dient zur Finanzierung der kommunalen Infrastrukturaufwendungen, die bei der tatsächlichen Sitzgemeinde jedes einzelnen Betriebes anfallen. Die Gewerbesteuer muss deshalb dort erhoben werden, wo der Betrieb seine Kapitalentgelte tatsächlich erwirtschaftet.

→ **Kap. 2.2.5**

Erforderliche Maßnahmen:
- **Deutlich höheren Anteil der geleisteten Schuldzinsen und Lizenzgebühren der Gewerbesteuer unterwerfen.**
- **Keine Verlustverrechnung zwischen einzelnen Betriebsstätten.**

(2.7) Private Kapitaleinkünfte brauchen vom Steuerpflichtigen nicht mehr in der Steuererklärung angegeben werden, vielmehr wird die Abgeltungssteuer von 25% ohne Namensnennung des Steuerpflichtigen von der zuständigen Bank an den Fiskus abgeführt. Der Fiskus hat damit keinerlei Informationen mehr über die tatsächlichen Kapitalerträge der einzelnen Steuerpflichtigen. → **Kap. 2.2.6(1)**

Erforderliche Maßnahmen:
- **Angabe aller Einkünfte aus Kapitalvermögen in der Einkommensteuererklärung.**
- **Versteuerung dieser Einkünfte nicht mehr pauschal mit 25%, sondern nach dem persönlichen Einkommensteuersatz.**

(2.8) Derzeit bestehen massive Anreize für Steuerverwaltung und Gerichte, dem Steuerbetrüger bei einem Geständnis eine Bewährungsstrafe zuzusichern. Dies schädigt die allgemeine Steuermoral und verringert den Anreiz für Selbstanzeigen. → **Kap. 2.2.6(2)**

Erforderliche Maßnahme:
Steuerbetrug über 1 Mio. € zwingend mit einer Gefängnisstrafe ohne Bewährung ahnden.

6.3 Vermögenbezogene Besteuerung

In Deutschland gibt es derzeit vier vermögenbezogene Steuerarten:
- Vermögensteuer (Erhebung derzeit ausgesetzt),
- Grundsteuer,
- Grunderwerbsteuer,
- Erbschaftsteuer.

(3.1) Die netto resultierenden Unternehmens- & Vermögenseinkommen lagen in 2010 mit 503 Mrd. € beim gut Vierfachen der darauf insgesamt bezahlten Steuern. Dies steht im deutlichen Kontrast zu den Nettolöhnen, die mit 684 Mrd. € nur wenig über den darauf insgesamt bezahlten Steuer- & Sozialabgaben von 574 Mrd. € Mrd. € lagen. → **Kap. 2.1.2**

(3.2) Die tatsächlich bezahlte prozentuale Belastung von Unternehmens- & Vermögenseinkommen war in 2010 nur rund halb so hoch wie die Belastung von Arbeitsentgelten (Abb. 6.3), wesentlich bedingt durch die – auch im internationalen Vergleich – sehr niedrige Belastung von nur rund 3% durch vermögenbezogene Steuern wie Vermögensteuer, Grund- und Grunderwerbsteuer sowie Erbschaft- und Schenkungsteuer (Abb. 6.3b, oberstes weißes Band). → **Kap. 3.1.5**

(3.3) Das Nettovermögen beträgt in Deutschland durchschnittlich gut 100.000 € pro Person, ist allerdings sehr ungleich verteilt: → **Kap. 3.1**
- Das reichste Zehntel der Bevölkerung besitzt rund sechs Zehntel des Vermögens.
- Die folgenden zwei Zehntel der Bevölkerung besitzen drei Zehntel des Vermögens (häufig eigengenutzte Immobilien).
- Die folgenden zwei Zehntel der Bevölkerung besitzen ein Zehntel des Vermögens (häufig eigengenutzte Immobilien).
- Die verbleibende Hälfte der Bevölkerung hat keinerlei Vermögen oder sogar netto Schulden.

Abb. 6.3 : Tatsächlich bezahlte Belastung von Arbeitsentgelten und von Unternehmens- & Vermögenseinkommen 2000-2015

a) Belastung von Arbeitsentgelten

Arbeitsentgelte = Bruttolohnsumme + Sozialabgaben der Arbeitgeber.

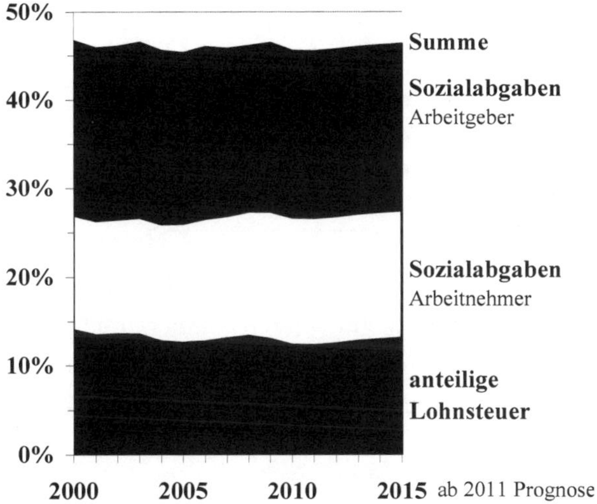

b) Belastung von Unternehmens- & Vermögenseinkommen

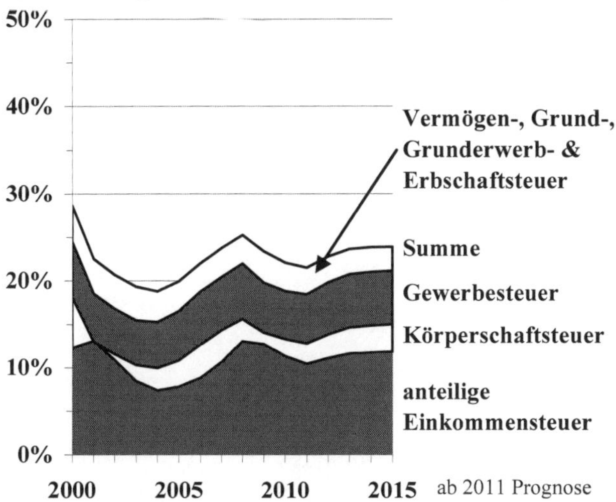

Die weißen bzw. schwarzen Bänder zwischen den Kurven geben jeweils das Aufkommen der benannten Steuern an.

Quellen: [BMF 2011c; VGR 2010; IMK 2011].

(3.4) Eine maßvolle Besteuerung der erziel**baren** Erträge von korrekt zu Marktpreisen bewerteten Vermögen wurde vom Bundesverfassungsgericht bereits 1995 ausdrücklich für zulässig erklärt, doch bis heute nicht durch entsprechende Gesetzgebung in Kraft gesetzt. → **Kap. 3.2.1**

Erforderliche Maßnahmen:

- **Vermögensteuer auf alle größeren Vermögen erheben, und zwar auf deren Verkehrswerte.**
- **Einführung einer Bundesimmobiliensteuer als Teil einer allgemeinen Vermögensteuer.**

(3.5) Die Grundsteuererhebung erfolgt weiterhin auf der Grundlage der zuletzt 1964 bestimmten Einheitswerte. Im klaren Widerspruch zur grundsätzlich geltenden Rechtslage hat der Gesetzgeber (ähnlich wie bei der Vermögensteuer) geltendes Recht außer Kraft gesetzt und eine Aktualisierung der Einheitswerte seit 1964 verhindert. → **Kap. 3.2.2**

Erforderliche Maßnahme:
Kommunale Grundsteuer auf Verkehrswerte erheben.

(3.6) Die Erbschaft- und Schenkungsteuer wird zwar seit 2009 auf Verkehrswerte erhoben, allerdings wurden alle als Betriebsvermögen deklarierbaren Vermögenswerte ganz oder überwiegend von einer Besteuerung freigestellt. → **Kap. 3.2.4**

Erforderliche Maßnahme:
Erbschaftsteuer auf alle größeren Erbschaften und ohne Ausnahmen erheben.

(3.7) Eine Finanztransaktionssteuer könnte die Instabilität von Wechselkursen, Rohstoffpreisen und Aktienkursen mildern und hat ein sehr hohes Ertragspotenzial. → **Kap. 3.2.5**

Erforderliche Maßnahme:
Finanztransaktionssteuer einführen.

6.4 Verbrauchbezogene Besteuerung

Verbrauchbezogene Steuern sind Mehrwertsteuer, Energie- und Stromsteuern, KfZ-Steuern, Tabak- und Alkoholsteuern, Erträge aus dem Verkauf von CO_2-Zertifikaten etc.. Von diesen Steuern wird hier mit der Mehrwertsteuer nur die wichtigste und aufkommenstärkste Steuer näher betrachtet.

Die Erhebung der Mehrwertsteuer ist nicht nur mit einem hohen Verwaltungsaufwand bei Unternehmen und Finanzverwaltung verbunden, sie lädt auch geradezu zur Steuerhinterziehung ein. Die Mehrwertsteuer wird nämlich dem gewerblichen Rechnungsempfänger als Vorsteuer erstattet, auch wenn er die Rechnung gar nicht bezahlt hat und auch wenn der Rechnungsaussteller gar keine Mehrwertsteuer an das Finanzamt abgeführt hat. → **Kap. 4.2.1**

Erforderliche Maßnahme:
Mehrwertsteuer erst nach Bezahlung der Rechnung dem Kunden erstatten und beim Lieferanten erheben.

6.5 Offene Fragen und erforderliche Untersuchungen

Die vorgeschlagenen Reformmaßnahmen müssen vor ihrer Durchführung in mehrfacher Hinsicht genauer untersucht und Antworten auf zahlreiche offene Fragen erarbeitet werden. → **Kap. 5**

Autoren

Die Verantwortung für die Untersuchung liegt bei Prof. Dr. Lorenz JARASS und Prof. em. Dr. Gustav M. OBERMAIR. Sie sind Autoren von 12 Büchern (auch in englisch und russisch) und von weit über 100 Aufsätzen (http://www.JARASS.com). Sie haben u.a. für den Bayerischen und Deutschen Städtetag Vorschläge zur Gewerbesteuerreform erarbeitet und für die Hans-Böckler-Stiftung die mangelhafte Besteuerung der gewinnträchtigen, aber häufig Arbeitsplätze vernichtenden Private-Equity- und Hedge-Fonds untersucht.

Die Ergebnisse ihrer Arbeit wurden in einer Vielzahl von Vorträgen präsentiert, u.a. bei DGB, IGM, ver.di, NGG, Bundesfinanzhof, Friedrich-Ebert-Stiftung, sowie bei mehr als 15 Anhörungen im Europäischen Parlament sowie im Ausschuss für Arbeit und Sozialordnung, im Wirtschaftsausschuss und im Finanzausschuss des Deutschen Bundestages.

Prof. JARASS und Prof. OBERMAIR haben insgesamt mehr als 50 Projekte bearbeitet und abgeschlossen für Industrie, nationale Regierungen und internationale Institutionen (EU, OECD, Weltbank). Ein Teil der Projekte wurde im Ausland in Kooperation mit Unterauftragnehmern durchgeführt. Die Arbeiten bezogen sich wesentlich auf länderübergreifende Untersuchungen und Vergleiche (EU-weit und weltweit) zu ökonomischen Daten, Besteuerung, Umweltaspekten und Infrastruktur-Investitionen.

Quellen

[Bach/Bartholmai 2002]
Bach S, Bartholmai B: Vermögensteuer in Deutschland. Forschungsprojekt im Auftrag der Hans-Böckler-Stiftung, Endbericht. Deutsches Institut für Wirtschaftsforschung – DIW, Berlin, 7. Oktober 2002.
http://www.vermoegensteuerjetzt.de/topic/12.studien.html
abgerufen am 28.07.2011

[Bach/Beznoska/Steiner 2010]
Bach S, Beznoska M, Steiner V: Aufkommens- und Verteilungswirkungen einer Vermögensabgabe. Forschungsprojekt im Auftrag der Bundestagsfraktion BÜNDNIS 90/DIE GRÜNEN. Politikberatung kompakt. Deutsches Institut für Wirtschaftsforschung – DIW, Berlin, 23. Dezember 2010.
http://www.diw.de/sixcms/detail.php?id=diw_01.c.366545.de
abgerufen am 25.07.2011

[Bach 2011a]
Bach S: Aufkommens- und Verteilungswirkungen einer Vermögensabgabe. Potenzielle Bemessungsgrundlagen und Abgabensätze. Deutsches Institut für Wirtschaftsforschung – DIW, Berlin, 27. Juni 2011.
http://www.vermoegensteuerjetzt.de/images/studien/Praesentation_Bach.pdf
abgerufen am 29.07.2011

[Bach 2011b]
Bach S: Reform der Mehrwertsteuer. Volle Mehrwertsteuer auf Nahrungsmittel belastet vor allem Geringverdiener. Deutsches Institut für Wirtschaftsforschung – DIW, Berlin, DIW Wochenbericht Nr. 16, 2011.
http://www.diw.de/documents/publikationen/73/diw_01.c.371848.de/11-16-1.pdf
abgerufen am 29.07.2011

[Berger 2011]
Berger J: Kirchhof – Wahnsinn in Zahlen. NachDenkSeiten – Die kritische Website. 1. Juli 2011.
Uhttp://www.nachdenkseiten.de/wp-print.php?p=9946U
abgerufen am 06.08.2011

[BewG]
Bewertungsgesetz (BewG) vom 16.10.1934, zuletzt geändert am 8. Dezember 2010.
http://www.gesetze-im-internet.de/bundesrecht/bewg/gesamt.pdf
abgerufen am 17.08.2011

[BewGÄndG 1965]
Gesetz zur Änderung des Bewertungsgesetzes vom 13.08.1965, zuletzt geändert am 27. Juli 1971.
http://www.gesetze-im-internet.de/bundesrecht/bewg_ndg/gesamt.pdf
abgerufen am 17.08.2011

[BFH Grundsteuer 2010]
Bewertung eines Lebensmittelmarktes als Warenhaus – Verfassungsmäßigkeit der Einheitsbewertung. Bundesfinanzhof, Urteil vom 30. Juni 2010, II R 60/08.
http://www.bfhurteile.de/IIR6008.htm
abgerufen am 23.07.2011

[BFH Arbeitslosenversicherung 2010]
Verfassungswidrigkeit der Sonderausgaben-Höchstbeträge für 1993 bis 1999 – Berücksichtigung weiterer Vorsorgeaufwendungen für die Kranken- und Arbeitslosenversicherung wegen deren Zuordnung zum Existenzminimum. § 10 Abs. 1 Nr. 2 EStG. Az X R 15/09, mündliche Verhandlung für 16. November 2011 terminiert.
http://www.bundesfinanzhof.de/content/mv-16112011-x%C2%A0r%C2%A01509
abgerufen am 07.08.2011

[Bischoff/Weber 2011]
Bischoff J, Weber N: Schuldenbremse: Zerstörung des sozial regulierten Kapitalismus. Sozialismus Aktuell, 4. Juli 2011.
http://www.sozialismus.de/kommentare_analysen/detail/artikel/die-schuldenbremse-zerstoerung-des-sozial-regulierten-kapitalismus/
abgerufen am 18.07.2011

[Blumtritt/Eicker-Wolf/Truger 2007]
Blumtritt M, Eicker-Wolf K, Truger A: Auswirkungen der (Wieder-) Einführung einer Vermögensteuer auf die hessischen Landesfinanzen. Reihe: IMK Studies, Nr. 07/2007. Hans-Böckler-Stiftung, Düsseldorf, 2007.
http://www.boeckler.de/6299.htm?produkt=HBS-004001&chunk=1
abgerufen am 28.07.2011

[BMF 2010]
Datensammlung zur Steuerpolitik. Ausgabe 2010. Bundesministerium der Finanzen, Berlin.
http://www.bundesfinanzministerium.de/nn_37492/sid_04C28389CA537A48D729BC45842BEEEA/DE/BMF__Startseite/Service/Broschueren__Bestellservice/Steuern/20250__Datensammlung__zur__Steuerpolitik__2010,templateId=raw,property=publicationFile.pdf
abgerufen am 18.07.2011

[BMF 2010b]
Bericht der Bundesregierung über die Entwicklung der Finanzhilfen des Bundes und der Steuervergünstigungen für die Jahre 2007 – 2010. Zweiundzwanzigster Subventionsbericht. Bundesministerium der Finanzen, Berlin, 7. Januar 2010.
http://www.bundesfinanzministerium.de/nn_4542/DE/Wirtschaft__und__Verwaltung/Finanz__und__Wirtschaftspolitik/Finanzpolitik/Subventionspolitik/100113__Subventionsbericht__anl__Druck,templateId=raw,property=publicationFile.pdf
abgerufen am 02.08.2011

[BMF 2011a]
Abgabenrechner. Bundesministerium der Finanzen, Berlin, 2011.
https://www.abgabenrechner.de/bl2011/?
abgerufen am 19.07.2011

[BMF 2011b]
Einführung eines generellen Reverse-Charge-Verfahrens. Bundesministerium für Finanzen, Berlin, 8/2011.
http://www.bundesfinanzministerium.de/nn_39846/DE/BMF__Startseite/Service/Glossar/R/007__Reverse-Charge.html
abgerufen am 15.08.2011

[BMF 2011c]
Finanzbericht 2012. Stand und voraussichtliche Entwicklung der Finanzwirtschaft im gesamtwirtschaftlichen Zusammenhang. Bundesministerium der Finanzen, Berlin, abgeschlossen am 12. August 2011. Bundesanzeiger Verlagsgesellschaft, Köln, 2011.

[Böckler 2011]
Unternehmensteuern. EU: Steuerwettbewerb ohne Grenzen. Böckler Impuls 08/2011. Hans Böckler Stiftung, Düsseldorf, 2011.
http://www.boeckler.de/32014_113934.html
abgerufen am 18.07.2011

[Braakmann/Grütz/Haug 2007]
Braakmann A, Grütz J, Haug Th: Das Renten- und Pensionsvermögen in den Volkswirtschaftlichen Gesamtrechnungen. Methodik und erste Ergebnisse. Reihe Wirtschaft und Statistik, Statistisches Bundesamt – destatis, Wiesbaden, 12/2007, S. 1167-1179.
http://www.destatis.de/jetspeed/portal/cms/Sites/destatis/Internet/DE/Content/Publikationen/Querschnittsveroeffentlichungen/WirtschaftStatistik/VGR/VGRRenten1207,property=file.pdf
abgerufen am 03.08.2011

[BVerfG Vermögensteuer 1995]
Verfassungswidrige Besteuerung des einheitsbewerteten Vermögens. BVerfG v. 22. Juni 1995 - 2 BvL 37/91, BStBl 1995 II S. 655.
http://www.ejura-examensexpress.de/online-kurs/entsch_show_neu.php?Alp=1&dok_id=5059
abgerufen am 17.07.2011

[BVerfG Erbschaftsteuer 2006]
Erbschaftsteuerrecht in seiner derzeitigen Ausgestaltung verfassungswidrig. Beschluss vom 7. November 2006 – 1 BvL 10/02. Bundesverfassungsgericht, Pressemitteilung Nr. 11/2007 vom 31. Januar 2007.
http://www.bundesverfassungsgericht.de/pressemitteilungen/bvg07-011.html
abgerufen am 18.07.2011

[BVerfG Krankenversicherung 2008]
Sonderausgabenabzug von Krankenversicherungsbeiträgen muss existenznotwendigen Aufwand des Steuerpflichtigen berücksichtigen. Beschluss 2 BvL 1/06 vom 13. Februar 2008.
http://www.bundesverfassungsgericht.de/pressemitteilungen/bvg08-032.html
abgerufen am 22.07.2011

[DGB 2011]
Steuern sichern Wohlstand. DGB, Berlin. klartext 26/2011, 7. Juli 2011.
http://www.dgb.de/themen/++co++74d2da5a-a8bc-11e0-7c14-00188b4dc422
abgerufen am 30.07.2011

[Einkommensteuerstatistik 2004]
Lohn- und Einkommensteuer. Fachserie 14 Reihe 7.1. Erscheinungsfolge: dreijährlich. Statistisches Bundesamt – destatis, Wiesbaden, erschienen am 2. März 2009, korrigiert am 12. Mai 2009.
http://www.destatis.de/jetspeed/portal/cms/Sites/destatis/Internet/DE/Content/Publikationen/Fachveroeffentlichungen/FinanzenSteuern/Steuern/LohnEinkommensteuer/LohnEinkommensteuer,templateId=renderPrint.psml
abgerufen am 03.08.2011

[Einkommensteuerstatistik 2006]
Jährliche Einkommensteuerstatistik. Sonderthema: Sonstige Einkünfte 2006. Finanzen und Steuern. Fachserie 14 Reihe 7.1.1. Statistisches Bundesamt – destatis, Wiesbaden, erschienen am 8. Februar 2011.
http://www.destatis.de/jetspeed/portal/cms/Sites/destatis/Internet/DE/Content/Publikationen/Fachveroeffentlichungen/FinanzenSteuern/Steuern/LohnEinkommensteuer/Einkommensteuerstatistik2140711067004,property=file.pdf
abgerufen am 21.07.2011

[Einkommensteuerstatistik 2007]
Jährliche Einkommensteuerstatistik. Vorläufige Werte. Finanzen und Steuern. Fachserie 14 Reihe 7.1.1. Statistisches Bundesamt – destatis, Wiesbaden, Oktober 2011.
http://www.destatis.de/jetspeed/portal/cms/Sites/destatis/Internet/DE/Content/Publikationen/Fachveroeffentlichungen/FinanzenSteuern/Steuern/LohnEinkommensteuer/LohnEinkommensteuer,templateId=renderPrint.psml
von destatis vorab zur Verfügung gestellt

[ErbStG]
Erbschaftsteuer- und Schenkungsteuergesetz (ErbStG) in der Fassung vom 27. Februar 1997, zuletzt geändert am 8. Dezember 2010.
http://www.gesetze-im-internet.de/erbstg_1974/index.html
abgerufen am 21.07.2011

[Erbschaftsteuerstatistik 2009]
Erbschaft- und Schenkungsteuer. Finanzen und Steuern, 2009. Statistisches Bundesamt – destatis, Wiesbaden, 20. Juni 2011.
http://www.destatis.de/jetspeed/portal/cms/Sites/destatis/Internet/DE/Content/Publikationen/Fachveroeffentlichungen/FinanzenSteuern/Steuern/ErbschaftSchenkungsteuer/ErbschaftSchenkungsteuer5736101097004,property=file.pdf
abgerufen am 01.08.2011

[EStG]
Einkommensteuergesetz (EStG) in der Fassung der Bekanntmachung vom 8. Oktober 2009, zuletzt geändert am 22. Juni 2011.
http://www.gesetze-im-internet.de/estg/index.html
abgerufen am 23.07.2011

[EU 2006]
Richtlinie 2006/112/EG des Rates vom 28. November 2006 über das gemeinsame Mehrwertsteuersystem. Amtsblatt der Europäischen Union, L 347/1, 11. Dezember 2006.
http://eur-lex.europa.eu/LexUriServ/LexUriServ.do?uri=OJ:L:2006:347:0001:0118:de:PDF
abgerufen am 07.08.2011

[EU 2010a]
Durchführbarkeitsstudie zu alternativen Methoden zur Verbesserung und Vereinfachung der Umsatzsteuererhebung mithilfe von modernen Technologien und/oder Finanzinstituten. European Commission, Taxation and Customs Union, Brüssel, 20. September 2010.
http://ec.europa.eu/taxation_customs/resources/documents/common/consultations/tax/future_vat/vat-study_summ_de.pdf
abgerufen am 11.08.2011

[EU 2010b]
Green Paper on the future of VAT – Towards a simpler, more robust and efficient VAT system. European Commission, Taxation and Customs Union, Brüssel, 1 December 2010.
http://ec.europa.eu/taxation_customs/common/consultations/tax/2010_11_future_vat_en.htm
abgerufen am 11.08.2011

[EU 2011a]
Common Consolidated Corporate Tax Base (CCCTB). Proposal of a common system for calculating the tax base of businesses operating in the EU. European Commission, 16 March 2011.
http://ec.europa.eu/taxation_customs/taxation/company_tax/common_tax_base/index_en.ht
abgerufen am 07.08.2011

[EU 2011b]
Taxation trends in the European Union, 2011 edition.
http://ec.europa.eu/taxation_customs/resources/documents/taxation/gen_info/economic_analysis/tax_structures/2011/report_2011_en.pdf
http://ec.europa.eu/taxation_customs/taxation/gen_info/economic_analysis/tax_structures/index_en.htm
abgerufen am 18.07.2011

[EU 2011c]
Proposal for a COUNCIL DIRECTIVE on a common system of financial transaction tax and amending Directive 2008/7/EC. European Commission, Brussels, 28 September 2011, COM(2011) 594 final, 2011/0261 (CNS).
http://ec.europa.eu/taxation_customs/resources/documents/taxation/other_taxes/financial_sector/com%282011%29594_en.pdf
abgerufen am 28.09.2011

[EuGH IRAP 2006]
Sechste Mehrwertsteuerrichtlinie – Artikel 33 Absatz 1 – Verbot der Erhebung anderer nationaler Steuern mit dem Charakter von Umsatzsteuern – Begriff ‚Umsatzsteuern' – Italienische Regionalsteuer auf Produktionstätigkeiten. Banca popolare di Cremona Soc. coop. arl gegen Agenzia Entrate Ufficio Cremona, Rechtssache C-475/03, Urteil des Gerichtshofs (Große Kammer) vom 3. Oktober 2006.
http://curia.europa.eu/jurisp/cgi-bin/gettext.pl?where=&lang=de&num=79938996C19030475&doc=T&ouvert=T&seance=ARRET
abgerufen am 24.08.2011

[EuGH Gewerbesteuer 2011]
Vorabentscheidungsersuchen – Bundesfinanzhof – Auslegung von Art. 1 Abs. 1 der Richtlinie 2003/49/EG des Rates vom 3. Juni 2003 über eine gemeinsame Steuerregelung für Zahlungen von Zinsen und Lizenzgebühren zwischen verbundenen Unternehmen verschiedener Mitgliedstaaten (ABl. L 157, S. 49) – Einbeziehung von Zinszahlungen in die Bemessungsgrundlage für die Gewerbesteuer bei der Schuldnergesellschaft. Europäischer Gerichtshof, Scheuten Solar Technology (C-397/09): Steuerrecht, Urteil vom 21. Juli 2011.
http://curia.europa.eu/jurisp/cgi-bin/gettext.pl?where=&lang=de&num=79889278C19090397&doc=T&ouvert=T&seance=ARRET
abgerufen am 08.08.2011

[Finanzmarktkrise 2011]
Finanzmarkt- und Eurokrise. Grundlegende Darstellung der Zusammenhänge in 8 Minuten.
http://www.youtube.com/watch?v=NCLTnacLHqw&feature=player_embedded
abgerufen am 08.10.2011

[Flassbeck/Spiecker 2011]
Der Staat als Schuldner – Quadratur des Bösen? Wirtschaftsdienst, Heft 7/2011, S. 472-480.

[Frick/Grabka 2009]
Frick R, Grabka M: Gestiegene Vermögensungleichheit in Deutschland. Wochenbericht des DIW Berlin Nr. 4/2009, S. 54-67.
http://www.diw.de/documents/publikationen/73/93785/09-4-1.pdf
abgerufen am 21.07.2011

[Frick/Grabka 2010]
Frick J, Grabka M: Alterssicherungsvermögen dämpft Ungleichheit – aber große Vermögenskonzentration bleibt bestehen. Wochenbericht des DIW Berlin Nr. 3/2010, 18. Januar 2010.
http://www.diw.de/documents/publikationen/73/diw_01.c.345838.de/10-3-1.pdf
abgerufen am 03.08.2011

[Gebauer 2008]
Gebauer A: Steuerausfälle im Bereich der Mehrwertsteuer: Gründe, Ausmaß und Abhilfemöglichkeiten. ifo Beiträge zur Wirtschaftsforschung, Band 31, 2008.
http://www.cesifo-group.de/portal/page/portal/ifoHome/b-publ/b1book/10publbeitr/_publbeitr?item_link=beitraege31-abstract.htm
abgerufen am 18.08.2011

[GEW 2011]
Richtig gerechnet: Gute Bildung ist finanzierbar. Das steuerpolitische Konzept der Gewerkschaft Erziehung und Wissenschaft. GEW – Gewerkschaft Erziehung und Wissenschaft, Hauptvorstand, Frankfurt am Main, Juni 2011.
http://www.gew.de/Binaries/Binary80037/SteuerkonzeptGEW-web.pdf
abgerufen am 17.08.2011

[Gewerbesteuer 2006]
Bach S: Think global, tax local – Die Renaissance der Gewerbesteuer. Handelsblatt vom 17. Juli 2006.

[GewStG]
Gewerbesteuergesetz, zuletzt geändert am 8. Dezember 2010.
http://www.gesetze-im-internet.de/bundesrecht/gewstg/gesamt.pdf
abgerufen am 30.08.2011

[GG]
Grundgesetz für die Bundesrepublik Deutschland vom 23. Mai 1949, zuletzt geändert am 21. Juli 2010.
http://www.gesetze-im-internet.de/gg/index.html
abgerufen am 29.07.2011

[Gleitzonenrechner 2011]
Gleitzonenrechner. Deutsche Rentenversicherung, Berlin, 13. Juli 2011.
http://www.deutsche-rentenversicherung.de/sid_2CBDF861E1932CA476E1E233E9F60AC4.cae01/Shared-Docs/de/Inhalt/Zielgruppen/02_arbeitgeber_steuerberater/06_gleitzone/gleitzonenrechner.html?nn=28150
abgerufen am 18.07.2011

[GrEStG]
Grunderwerbsteuergesetz vom 26. Februar 1997, zuletzt geändert am 22. Juni 2011.
http://www.gesetze-im-internet.de/grestg_1983/index.html
abgerufen am 22.07.2011

[GrStG]
Grundsteuergesetz vom 7. August 1973, zuletzt geändert am 19. Dezember 2008.
http://www.gesetze-im-internet.de/grstg_1973/index.html
abgerufen am 22.07.2011

[Grundsteuerreform 2010]
Reform der Grundsteuer überfällig. Bericht der Arbeitsgruppe ´Grundsteuer auf der Basis von Verkehrswerten´, Länder Berlin, Bremen, Niedersachsen, Sachsen und Schleswig-Holstein, undatiert, ca. Februar 2010.
http://www.finanzen.bremen.de/sixcms/detail.php?gsid=bremen53.c.8654.de
abgerufen am 22.07.2011

[Grundsteuerreform 2011a]
Thüringen bringt eigenes Modell für die Neuordnung der Grundsteuer ein. Vorhandene Datenbasis wird genutzt. Thüringer Finanzministerium, Januar 2011.
http://www.thueringen.de/de/tfm/steuern/aktuell/grundsteuer_modell/
abgerufen am 22.07.2011

[Grundsteuerreform 2011b]
Reform der Grundsteuer. NRW Städte- und Gemeindebund, Mitteilung 291/2011 vom 15. Juni 2011.
http://www.kommunen-in-nrw.de/mitgliederbereich/mitteilungen/detailansicht/dokument/reform-der-grundsteuer-10.html
abgerufen am 22.07.2011

[Hebesätze 2009]
Durchschnittliche Hebesätze der Realsteuern nach Ländern 2009. Statistisches Bundesamt – destatis, Wiesbaden, 26. August 2011.
http://www.destatis.de/jetspeed/portal/cms/Sites/destatis/Internet/DE/Presse/pm/2010/08/PD10__298__735,templateId=renderPrint.psml
abgerufen am 29.07.2011

[IMK 2011]
Teichmann D, Truger A, Will H: IMK-Steuerschätzung 2011-2015. Kräftige Mehreinnahmen: kein Grund für finanzpolitischen Übermut. Reihe: IMK Report, Nr. 62, Mai 2011.
http://www.boeckler.de/pdf/p_imk_report_62_2011.pdf
abgerufen am 17.07.2011

[Jarass/Obermair 2002]
Jarass L, Obermair GM: Wer soll das bezahlen? Wege zu einer fairen und sachgerechten Besteuerung: Begrenzung der Belastungen für alle, Mindest-Belastung für die Großen. Metropolis-Verlag, Marburg, 2002, unveränderter Nachdruck, 2005.

[Jarass/Obermair 2005]
Jarass L, Obermair GM: Geheimnisse der Unternehmenssteuern – Steigende Dividenden, sinkendes Steueraufkommen. Eine Analyse der DAX30-Geschäftsberichte 1996-2002 unter Berücksichtigung der Volks-wirtschaftlichen Gesamtrechnung. Metropolis-Verlag, Marburg, 2. Auflage 2005.
http://www.jarass.com/home/index.php?option=com_content&view=article&id=59:geheimnisse-der-unternehmenssteuern&catid=37:steuern-a&Itemid=75
abgerufen am 06.08.2011

[Jarass/Obermair 2006]
Jarass L, Obermair GM: Unternehmenssteuerreform 2008. MV-Verlag, Münster, 2006.
http://www.jarass.com/home/index.php?option=com_content&view=article&id=58:unternehmenssteuerreform-2008&catid=37:steuern-a&Itemid=75
abgerufen am 17.07.2011

[Jarass/Obermair 2007a]
Jarass L, Obermair GM: EBIT Instead of Profits as EU Tax Base? European Taxation, IBFD, January 2007, p. 38-46.
http://www.jarass.com/Steuer/B/Taxation%20of%20Capital%20Income.pdf
abgerufen am 07.08.2011

[Jarass/Obermair 2007b]
Jarass L, Obermair GM: Taxation of Private Equity and Hedge Funds in Germany. tax notes international, vol. 48, number 4, October 22, 2007, p. 887-890. Tax Analysts, USA.
http://www.jarass.com/Steuer/B/Equity%20Fonds,%20v3.10,%20Tax%20Notes%20International,%20Oct%2022,%202007%20published%20version.pdf
abgerufen am 07.08.2011

[Jarass/Obermair 2007c]
Jarass L, Obermair GM: Steuerliche Aspekte von Private Equity und Hedge Fonds unter Berücksichtigung der Unternehmensteuerreform 2008. Edition der Hans-Böckler-Stiftung, Nr. 202, Düsseldorf, Dezember 2007.
http://www.boeckler.de/pdf/mbf_gutachten_jarass_2007.pdf
abgerufen am 07.08.2011

[Jarass/Obermair 2008a]
Tax on earnings before interest and taxes instead of profit – fair, simple and competitive: a conceivable initiative of EU Member States for a common consolidated corporate tax base. EC Tax Review, Kluwer Law International, Amsterdam, vol. 17, June 2008, pp. 111-117.
http://www.jarass.com/Steuer/B/EC%20tax%20review,%20tax%20on%20EBIT%20instead%20on%20profit.pdf
abgerufen am 07.08.2011

[Jarass/Obermair 2008b]
Jarass L, Obermair GM: EBIT statt Gewinn als einheitliche EU-weite Bemessungsgrundlage?
Europäisches Wirtschafts- und Steuerrecht, Verlag Recht und Wirtschaft, Frankfurt, Heft 9/2008, S. 352.
http://www.jarass.com/Steuer/B/Ebit_statt_gewinn.pdf
abgerufen am 07.08.2011

[Jarass 2010a]
Jarass L: Wie höhere Staatseinnahmen Wachstum und Beschäftigung fördern. Börsenzeitung, 5. Mai 2010, S. 7.
http://www.jarass.com/home/index.php?option=com_content&view=article&id=400:wie-hoehere-staatseinnahmen-wachstum-und-beschaeftigung-foerdern&catid=38:steuern-b&Itemid=76
abgerufen am 17.08.2011

[Jarass 2010b]
Jarass L: Bekämpfung der Steuerhinterziehung – Oasen austrocknen. DATEV Magazin 2009, S. 33-35.
http://www.jarass.com/home/index.php?option=com_content&view=article&id=383:bekaempfung-der-steuerhinterziehung-oasen-austrocknen&catid=38:steuern-b&Itemid=76
abgerufen am 17.08.2011

[Jarass 2010c]
Jarass L: Faire und effiziente Steuerpolitik. In: Postwachstumsgesellschaft. Konzepte für die Zukunft, S. 155-166. Hrsg. Seidl I und Zahrnt A. Metropolis-Verlag, Marburg 2010.
http://www.jarass.com/Steuer/B/PWG_Steuerpolitik_Jarass_155f.pdf
abgerufen am 08.08.2011

[Jarass 2011]
Jarass L: Grunderwerbsteuer – gleichmäßige Besteuerung sicherstellen, Ausnahmen verringern. Landtag Nordrhein-Westfalen, Haushalts- und Finanzausschuss. Öffentliche Anhörung am 28. Juni 2011 zum Gesetz über die Festsetzung des Steuersatzes für die Grunderwerbsteuer, Drucksache 15/1924 (Neudruck).
http://www.jarass.com/home/index.php?option=com_content&view=article&id=435:grunderwerbsteuer-ausnahmen-verringern&catid=39:steuern-c&Itemid=77
abgerufen am 29.07.2011

[Kirchhof 2011a]
Kirchhof P: Wir verteilen von Arm zu Reich. FAZ, 21. August 2011, S. 2/3.

[Kirchhof 2011b]
Kirchhof P: Bundessteuergesetzbuch. Ein Reformentwurf zur Erneuerung des Steuerrechts. Schriftenreihe des Instituts für Finanz- und Steuerrecht. Forschungsstelle Bundesgesetzbuch, Verlag C.F. Müller, 2011.

[Körperschaftsteuerstatistik 2006]
Jährliche Körperschaftsteuerstatistik. Finanzen und Steuern, 2009. Statistisches Bundesamt – destatis, Wiesbaden, 22. Dezember 2010.
http://www.destatis.de/jetspeed/portal/cms/Sites/destatis/Internet/DE/Content/Publikationen/Fachveroeffentlichungen/FinanzenSteuern/Steuern/Koerperschaftsteuer/KoerperschaftsteuerstatistikJ5799701067004,property=file.pdf
abgerufen am 01.08.2011

[Kruse 2010]
Kruse E: Statistik der Rentenversicherung – ausgewählte Trends. Bereich 0760: Statistische Analysen der Deutschen Rentenversicherung Bund. Pressefachseminar 2010. Erkner, 22./23. Juli 2010.
http://www.deutsche-rentenversicherung-bund.de/cae/servlet/contentblob/37690/publicationFile/3087/2010_7_23_datei_kruse.pdf
abgerufen am 03.08.2011

[KStG]
Körperschaftsteuergesetz, zuletzt geändert am 22. Juni 2011.
http://www.gesetze-im-internet.de/kstg_1977/index.html
abgerufen am 30.08.2011

[Lieb 2011]
Lieb W: Steuersenkung: Eine Ideologie aus Halbwahrheiten und Lügen. NachDenkSeiten – Die kritische Website. 1. August 2011.
http://www.nachdenkseiten.de/wp-print.php?p=10300
abgerufen am 02.08.2011

[Liebert 2011]
Liebert N: Steuergerechtigkeit in der Globalisierung. Verlag Westfälisches Dampfboot, 2011.

[Machnig 2011a]
Machnig M: Machnig fordert Steuererleichterungen für Geringverdiener. Initiative Mindestlohn. Gewerkschaft Nahrung-Genuss-Gaststätten (NGG), Hamburg, ver.di – Vereinte Dienstleistungsgewerkschaft, Berlin, 2011.
http://www.initiative-mindestlohn.de/meldungen/dumpingloehne/machnig-fordert-steuererleichterungen-fuer-geringverdiener/
abgerufen am 30.08.2011

[Meyer u.a. 2011]
Meyer B, Küchler S und Ludewi D: Zuordnung der Steuern und Abgaben auf die Faktoren Arbeit, Kapital, Umwelt. FÖS-Diskussionspapier 2011/01. Forum Ökologisch-Soziale Marktwirtschaft e.V. (FÖS), Berlin, 3. August 2011.
http://www.foes.de/pdf/2011-08%20Steuerstrukturpapier.pdf
abgerufen am 10.08.2011

[Öko-Test 2009]
Riester-Renten: Reinfall statt Rendite. ÖKO-TEST Jahrbuch Geld und Versicherungen für 2010, Test vom 5. Oktober 2009.
http://www.oekotest.de/cgi/index.cgi?artnr=93745;bernr=21;co=
abgerufen am 22.07.2011

[Oehler 2009]
Oehler A: Alles „Ricster"? Die Umsetzung der Förderidee in der Praxis. Stärken und Schwächen, Risiken und Chancen der staatlich geförderten kapitalgedeckten privaten Altersvorsorge von abhängig Beschäftigten (ohne Beamte) im Kontext der umlagefinanzierten gesetzlichen Rentenversicherung. Gutachten im Auftrag des Verbraucherzentrale Bundesverbandes e.V., 7. Dezember 2009.
http://www.vzbv.de/mediapics/altersvorsorge_gutachen_oehler_12_2009.pdf
abgerufen am 23.07.2011

[Rädler 2006]
Rädler A: Gedanken zur deutschen Steuerreform zu Beginn 2006. In: Festschrift für Arndt Raupach zum 70. Geburtstag. Hrsg. Kirchhof P et al., Otto Schmidt Verlag, Köln, 2006, S. 97-105.

[Rixen/Uhl 2011]
Rixen T, Uhl S: Unternehmensbesteuerung europäisch harmonisieren. Was zur Eindämmung des Steuerwettbewerbs in der EU nötig ist. Friedirch-Ebert-Stiftung, Berlin, Septemer 2011.
http://library.fes.de/pdf-files/id/ipa/08462.pdf
abgerufen am 13.10.2011

[Sauer 2006]
Sauer O: Abschied vom Halbteilungsgrundsatz. Das Bundesverfassungsgericht stärkt die Gestaltungsfreiheit des Steuergesetzgebers. Forum Recht, Heft 4/2006, Transnational Concerns: Facetten der Globalisierung, S. 131-133.
http://www.forum-recht-online.de/2006/406/406sauer.htm
abgerufen am 17.07.2011

[Schratzenstaller 2011]
Schratzenstaller M: Vermögensbesteuerung – Chancen, Risiken und Gestaltungsmöglichkeiten. Expertise im Auftrag der Abteilung Wirtschafts- und Sozialpolitik der Friedrich-Ebert-Stiftung, Bonn. WISO diskurs, April 2011.
http://library.fes.de/pdf-files/wiso/07994.pdf
abgerufen am 21.07.2011

[Schulden 2011]
Schulden der öffentlichen Haushalte. Fachserie 14 Reihe 5, Statistisches Bundesamt – destatis, Wiesbaden, 2011.
http://www.destatis.de/jetspeed/portal/cms/Sites/destatis/Internet/DE/Presse/pm/2011/02/PD11__069__713.psml
http://www.destatis.de/jetspeed/portal/cms/Sites/destatis/Internet/DE/Content/Publikationen/Fachveroeffentlichungen/FinanzenSteuern/OeffentlicheHaushalte/Schulden/SchuldenOeffentlicherHaushalte,templateId=renderPrint.psml
abgerufen am 23.07.2011

[Schulmeister 2009]
Schulmeister S: Eine generelle Finanztransaktionssteuer. Konzept, Begründung, Auswirkungen. WIFO Working Papers, 352/2009. Österreichisches Institut für Wirtschaftsforschung, Wien, Dezember 2009.
http://www.wifo.ac.at/wwa/jsp/index.jsp?fid=23923&id=37742&typeid=8&display_mode=2
abgerufen am 11.08.2011

[Schulmeister 2011]
Schulmeister S: Implementation of a General Financial Transactions Tax. Summary. WIFO, Österreichisches Institut für Wirtschaftsforschung, Wien, June 2011.
http://stephan.schulmeister.wifo.ac.at/fileadmin/homepage_schulmeister/files/Implement_FTT_short_06_11.pdf
abgerufen am 11.08.2011

[Städtetag 2011]
Gemeindefinanzbericht 2011. Der Städtetag, Heft 5/2011. Deutscher Städtetag, Berlin.
http://www.staedtetag.de/10/presseecke/pressedienst/artikel/2011/09/08/00805/index.html
abgerufen am 13.10.2011

[Troost 2011b]
Troost A: EU-Unternehmensteuer: Wettlauf nach unten? Blätter für deutsche und internationale Politik, Berlin, Heft 8/2011, S. 12-15.
http://www.blaetter.de/archiv/jahrgaenge/2011/august/eu-unternehmensteuer-wettlauf-nach-unten
abgerufen am 11.08.2011

[Truger u.a. 2009]
Truger A, Will H, Köhrsen J: Die Schuldenbremse: Eine schwere Bürde für die Finanzpolitik. Stellungnahme des IMK in der Hans-Böckler-Stiftung im Rahmen der öffentlichen Anhörung des nordrhein-westfälischen Landtags. Policy Brief. Institut für Makroökonomie und Konjunkturforschung (IMK) in der Hans-Böckler-Stiftung, September 2009.
http://www.boeckler.de/pdf/p_imk_pb_09_2009.pdf
abgerufen am 18.07.2011

[Truger/Teichmann 2011]
Truger A, Teichmann D: Zur Reform des Einkommensteuertarifs. Ein Reader der Parlamentarischen Linken in der SPD-Bundestagsfraktion (Hrsg.). Berlin/Düsseldorf, 29. März 2011.
http://www.parlamentarische-linke.de/fileadmin/Texte/2011/PL-Gutachten_29.03.2011_End.pdf
abgerufen am 24.07.2011

[Ulrich/Brost 2011]
Ulrich B, Brost M: Schuldenkrise: Mehr Staat mit weniger Geld! Obamas Niederlage ist ein Menetekel für die europäische Linke. Sie muss lernen: Schulden sind reaktionär. ZEIT Online, 4. August 2011.
http://www.zeit.de/2011/32/Staatsverschuldung
abgerufen am 12.08.2011

[UStG]
Umsatzsteuergesetz (UStG) vom 21. Februar 2005, zuletzt geändert am 21. Juli 2011.
http://www.gesetze-im-internet.de/ustg_1980/
abgerufen am 29.07.2011

[Umsatzsteuerbetrug 2011]
Maßnahmen zur Vermeidung von Umsatzsteuerbetrug und Evaluierung bestehender Strategien zur Minimierung der Umsatzsteuerlücke. Antwort der Bundesregierung auf die Kleine Anfrage der Fraktion BÜNDNIS 90/DIE GRÜNEN. Drs. 17/5751, 5. Mai 2011.
http://dipbt.bundestag.de/dip21/btd/17/057/1705751.pdf
abgerufen am 13.10.2011

[ver.di 2008]
Konzept Steuergerechtigkeit. ver.di Bundesvorstand Berlin – Bereich Wirtschaftspolitik. Wirtschaftspolitische Informationen 6/2008, September 2008.
http://www.verdi.de/wipo/dokumente/data/konzept_steuergerechtigkeit_positionspapier_september_08.pdf
abgerufen am 03.08.2011

[ver.di 2011]
Ablasshandel für Betrüger. ver.di, Wirtschaftspolitik aktuell, Nr. 15. ver.di Bundesvorstand Berlin – Bereich Wirtschaftspolitik, August 2011.
http://wipo.verdi.de/wirtschaftspolitik_aktuell
abgerufen am 15.08.2011

[Vermögensreport 2011]
D.A.CH – Vermögensreport 2011. Valluga AG, Lichtenstein.
http://www.axel-troost.de/article/5600.d-a-ch-vermoegensreport-2011.html
abgerufen am 15.08.2011

[Vermögensteuer 2011a]
Vermögensteuer jetzt. Gute Gründe für die Besteuerung großer Vermögen. Initiative für die Wiedereinführung der Vermögensteuer, 2011.
http://www.vermoegensteuerjetzt.de/topic/7.hintergrund.html
abgerufen am 23.07.2011

[VStG]
Vermögensteuergesetz. Fassung vom 14. November 1990.
http://www.gesetze-im-internet.de/vstg_1974/index.html
abgerufen am 22.07.2011

[VGR 2010]
Volkswirtschaftliche Gesamtrechnungen, Inlandsproduktsberechnung, Detaillierte Jahresergebnisse, Fachserie 18, Reihe 1.4. Statistisches Bundesamt – destatis, Wiesbaden, 26. Mai 2011.
http://www.destatis.de/jetspeed/portal/cms/Sites/destatis/Internet/DE/Content/Publikationen/Fachveroeffentlichungen/VolkswirtschaftlicheGesamtrechnungen/Inlandsprodukt/InlandsproduktsberechnungVorlaeufig,templateId=renderPrint.psml
abgerufen am 17.07.2011

siehe auch:

[VGR LR 2010]
Volkswirtschaftliche Gesamtrechnungen, Inlandsproduktsberechnung, Lange Reihen ab 1970, Fachserie 18, Reihe 1.5. Statistisches Bundesamt – destatis, Wiesbaden, Stand: Mai 2011.
http://www.destatis.de/jetspeed/portal/cms/Sites/destatis/Internet/DE/Content/Publikationen/Fachveroeffentlichungen/VolkswirtschaftlicheGesamtrechnungen/Inlandsprodukt/InlandsproduktsberechnungLangeReihen,templateId=renderPrint.psml
abgerufen am 29.07.2011

[Weizsäcker 2011]
Weizsäcker C.C. von: Das Janusgesicht der Staatsschulden. Frankfurter Allgemeine Zeitung, FAZ Net, 5. Juni 2011.
http://www.faz.net/aktuell/wirtschaft/wirtschaftswissen/essay-das-janusgesicht-der-staatsschulden-1999357.html
abgerufen am 13.10.2011

[Zeise 2011]
Zeise L: Von Inflation keine Spur. Junge Welt, 23. Juni 2009.
https://www.jungewelt.de/loginFailed.php?ref=/2009/06-23/003.php
abgerufen am 13.10.2011

Stichwortverzeichnis

Abgeltungssteuer
...............28, 32, 38, 54, 60, 76, 103
Aktiengesellschaft.......................31
Altersarmut..................................40
Altersversorgungsansprüche 66
anti-abuse 49
Arbeitsentgelt.................17, 21, 34
Steuer- &
Sozialabgabenbelastung...........33
Arbeitslosenversicherung...........29
Arbeitsplätze 39, 50
Bankenkrise................................87
Bankgeheimnis......................42, 76
Bemessungsgrundlage26, 43, 50, 53
Besteuerung
einkommenbezogen 26
verbrauchbezogen 88
vermögenbezogen 63
Betriebsstätte.......20, 51, 52, 58, 59
Betriebsvermögen
............................45, 55, 56, 70, 77
Bewertung
Abschlag 75
Verfahren 75
Bildungssystem 15
Binnennachfrage............................6
Bodenrichtwert 75, 79
Bruttolohn....................................28
Erhöhung 29
Bruttosozialprodukt 20
Buchwert 56, 57
Bundes-Immobiliensteuer............78
Bundesverfassungsgericht
.....................63, 66, 70, 75, 79, 106
Bürgerversicherung 7
Dauerschuldzinsen.......................58
Dienstleistungen 48
Double Irish...........................44, 48
EBIT 46
Eigenkapital.................................46
Eigentumswechsel 54
Einheitswert.................................68
Einkommen 27
gesamt 55
ökonomisch 55
verfügbar 95
zu versteuern 27
Einkommensteuer........................27
Erklärung.................................61
Recht 50
Rückerstattung 41
Satz..61
Statistik 38, 40

Tarif 27
Einkünfte 26
Endverbraucher 88
Erbschaft- und Schenkungsteuerstatistik 71
Erbschaftsteuer 70, 82
Erhebungsverfahren 92
Ertrag 50
erzielbar 67, 75
tatsächlich zugeflossen 74
EU-Harmonisierung 43
EU-Mehrwertsteuerrichtlinie 93, 94
EU-Rettungsprogramme 15
Europäische Kommission 87
Europäische Zentralbank 16
Euro-Stabilität 15
Exportüberschuss 6, 16
final beneficiary 60
Finanzierungsgesellschaften 47
Finanzjongleure 13
Finanzkapital 76
Finanztransaktionssteuer 64, 87
Finanzvermögen 77
Firmenaufkäufer 49
Firmensitz 20
Fremdfinanzierung 48
Fremdkapital 46, 50
Gebäuderichtwert 75
Geldwäsche 62
Gemeindewirtschaftsteuer 8
gemeiner Wert 70
Genossenschaft 31
Gesetzliche Krankenversicherung 7
Gewerbe
Betrieb 39
Kapital 58
Kapitalsteuer 58
Steuer 31, 57
Gewinn 26, 46
Gleichheitsgrundsatz 63, 67, 70, 80
Globalisierung 15, 38
GmbH 31
Google 45
Grenzsteuersatz 40
Großverdiener 39
Grunderwerbsteuer 69, 82
Grundsteuer 68
Güter 48
Handwerksunternehmen 51
Hebesatz 31, 38, 68, 69
Hedge- und Private-Equity-Fonds 38
Heuschrecken 13
IFRS-Bilanzierungsregeln 77
IKEA 43
Immobilien 56
Vermögen 54
Imparitätsprinzip 56
Inflation 16
Infrastruktur 52, 59

internationale Harmonisierung 20, 45, 50, 76

internationale Verflechtung.........20

Juristische Person........................31

kalte Progression 5

Kapital
- Entgelt....................................45
- Entgeltsteuer 50
- Ertrag 44, 61
- immateriell..............................45
- investiert 74
- Markt......................................49
- materiell 45
- unproduktiv.............................74
- Verkehrsfreiheit 14, 42
- Vermögen 26, 39, 42, 61

Kapitalgesellschaft
- Steuerbelastung nominal..........32
- Steuersätze 32

Kirchhof....................................19

Kommanditgesellschaften 27

Kommunale Betriebssteuer ...57, 59

Kommunalsteuer 52, 59

Konzernzentrale 52

Körperschaftsteuer 31

Krankenversicherung 29

Lastenausgleich 80

Leistungsempfänger 93

Leistungsfähigkeit 37

Liquiditätsprobleme 56

Lizenzgebühren 31, 43, 44, 46, 58, 59, 101

Lobbygruppen 23

Lohn
- Einkommen 38
- Empfänger........................17, 19
- Kosten 28
- Summensteuer.........................58

Maastricht-Kriterien 15

Mantelkauf.................................54

Markt
- Preis 75, 85
- Wert 69

Mehrwertsteuer...........................88
- Ausfall....................................90
- Betrug.....................................90
- Erklärung................................89
- ermäßigter Satz 88, 95
- Erstattung 89
- EU-Richtlinie 94
- Freistellung 95
- normaler Satz 88
- System....................................89
- Überzahlung 90
- Vergünstigung.........................95

Mephisto....................................13

Microsoft 45

Millionäre 65

Mini- und Midijobs 7

Mischwert...................................81

Natürliche Person 31

Nettolohn
- Erhöhung................................29

Niedriglohnländer.......................51

Normalverdiener.........................39

Nutzungsrechte 45
Objektsteuer 77, 86
offene Fragen 96
öffentliche Haushalte 15
OHG 27
Oracle 45
Organschaft 51, 53
  gewerbesteuerlich 59
Patente 45
Pauschalwert 81
Personengesellschaften ... 27, 31, 58
Pfizer 45
Pflegeversicherung 29
Quelle 48
Realisationsprinzip 56
Realkapital 76
Reformmaßnahmen 24
  einkommenbezogene Steuern .. 42
  Mehrwertsteuer 92
  verbrauchbezogene Steuern 92
  vermögenbezogene Steuern 74
Rentenversicherung 5, 29, 66
Reverse-Charge-Verfahren 93
Riester- und Rüruprenten 39
Schuldzinsen . 31, 43, 46, 48, 51, 58
Schwarzgeschäft 90
selbständige Tätigkeit 39
Selbstanzeige 60
Selbsteinschätzung 75
Selbstveranlagung 76
Sitzverlagerung 56, 57
Solidaritätszuschlag 6, 32, 40
Sollertragsteuer 67, 75, 76
Sozialstaat 5, 39
Sozialversicherung 28
  Beiträge 30
Sozio-oekonomisches Panel 65
Sparen 16
Spekulation 64
Spitzensteuersatz 28, 40
Splittingtabelle 28
Staat
  Finanzierung 13, 15
  Schulden 64
  Verschuldung 16
Standortvorteil 14
Steuer
  Abkommen, Schweiz 62
  Anzeige 61
  Aufkommen, gesamt 20
  Basis 69
  Betrug 60
  Betrüger 62
  Erhebung 15
  Erklärung 60
  Flucht 45, 49
  Freistellung 85
  Gerechtigkeit 17, 23
  Gestaltung 52
  Hinterziehung 60
  Messzahl 68
  Oasen 42, 48
  Politik 15, 55, 96
  Schuldner 93

Sparmöglichkeiten 20
Strafrecht 76
System 23
Umgehung 23, 54
Vereinfachung 49
Vergünstigung 53
Vermeidung 23, 42, 45, 49, 50
Vermeidungspraktiken 23
Wettbewerb 50

Steuer- & Sozialabgabenbelastung
Löhne, nominal 28, 37
Löhne, tatsächlich bezahlt. 17, 33, 37

Steuerarten 21
Alkohol 88
direkt 24
Energie 88
indirekt 24
KfZ 88
Strom 88
Tabak 88

Steuerbelastung
Kapitalgesellschaften, nominal 32
Unternehmens- & Vermögenseinkommen, tatsächlich bezahlt 35

Steuern
einkommenbezogen, tatsächlich bezahlt 33
indirekt 91
verbrauchbezogen, tatsächlich bezahlt 91
vermögenbezogen 41
vermögenbezogen, tatsächlich bezahlt 71

Steuersätze 26
Einkommensteuer, nominal 27
Erbschaftsteuer, nominal 70
Gewerbesteuer, nominal 31
Grunderwerbsteuer, nominal 69
Grundsteuer, nominal 69
Körperschaftsteuer, nominal 31
Mehrwertsteuer, nominal 88
Vermögensteuer, nominal 67

stille Reserven 19, 55, 56

Strafausschöpfung 61

Stundungsmöglichkeiten 85

Stundungsregeln 56

Tarifprogression 58

Umverteilung 19, 39, 96

Unternehmens- & Vermögenseinkommen 17, 35

Unternehmensbeteiligung 77

Unternehmensteuerrecht 57

Verkehrswert 55, 56, 57, 67, 75, 76, 81

Verlust
Rücktrag 53
Untergang 54
Vortrag 53

Verlustverrechnung 51, 59

Vermögen 64
Abgabe 79
Aktien 75
Betrieb 84
betriebsnotwendig 56
Einkommen 35
Gebrauchsvermögen 64
Geld 75

Immobilien ... 68
privat ... 64, 84
Steuer ... 66, 75
Steuergesetz ... 67, 75
unbesteuerte Erträge ... 54
Verteilung ... 65
Verwaltung ... 82, 84

Versicherungspflichtgrenze ... 29

Verwaltung
Aufwand ... 89
Einsparung ... 94

Volkseinkommen 17, 21, 42, 96, 98

Vorleistungen ... 46

Vorsichtsprinzip ... 56

Vorsteuer ... 89

Werbungskosten ... 40

Wertaufholung ... 57

Wertschöpfung ... 50
konsumiert ... 47
produziert ... 47

Wertsteigerung ... 23, 54
realisiert ... 74

Wettbewerb
Bedingungen ... 46
Vorteil ... 49

Wirtschaftswachstum ... 16